Schlafstörungen in der Praxis

Diagnostische und therapeutische Aspekte

Symposium zum
38. Deutschen Kongreß für Ärztliche Fortbildung
Berlin 1989

Herausgeber:
G. A. E. Rudolf
A. Engfer

vieweg

Friedr. Vieweg Verlag, Braunschweig/Wiesbaden

CIP-Titelaufnahme der Deutschen Bibliothek

Schlafstörungen in der Praxis: diagnostische therapeutische Aspekte: Symposium zum 38. Deutschen Kongress für Ärztliche Fortbildung, Berlin 1989 /
Hrsg.: G.A.E. Rudolf; A. Engfer — Braunschweig; Wiesbaden: Vieweg 1990
ISBN 978-3-663-05254-8 ISBN 978-3-663-05253-1 (eBook)
DOI 10.1007/978-3-663-05253-1
NE: Rudolf, Gerhard A. E.; Engfer, A. [Hrsg.]; Deutscher Kongress für Ärztliche Fortbildung <38, 1989, Berlin, West>

Herausgeber:
Prof. Dr. G.A.E. Rudolf
Klinik für Psychiatrie der Universität Münster,
Albert-Schweitzer-Straße 11 · 4400 Münster

Dr. rer. nat. A. Engfer
Schering Aktiengesellschaft
Pharma Deutschland Medizin
Postfach 65 03 11 · 1000 Berlin 65

Wichtiger Hinweis
Medizin als Wissenschaft ist ständig im Fluß. Forschung und klinische Erfahrung erweitern unsere Kenntnisse, insbesondere was Behandlung und medikamentöse Therapie anbelangt. Soweit in diesem Werk eine Dosierung oder eine Applikation erwähnt wird, darf der Leser zwar darauf vertrauen, daß Autoren, Herausgeber und Verlag größte Mühe darauf verwandt haben, daß diese Angabe genau dem Wissensstand bei Fertigstellung des Werkes entspricht. Dennoch ist jeder Benutzer aufgefordert, die Beipackzettel der verwendeten Präparate zu prüfen, um in eigener Verantwortung festzustellen, ob die dort gegebene Empfehlung für Dosierungen oder die Beachtung von Kontraindikationen gegenüber der Angabe in diesem Buch abweicht. Eine solche Prüfung ist besonders wichtig bei selten verwendeten Präparaten oder solchen, die neu auf den Markt gebracht worden sind.

Konzeption und Realisation: Jürgen Weser, Gütersloh
Herstellung: Gütersloher Druckservice GmbH, Gütersloh

ISBN 978-3-663-05254-8

Inhaltsverzeichnis

Verzeichnis der Referenten und Autoren

Berenberg, D., Dr., Abteilung für Plastische Chirurgie,
Krankenhaus am Urban, Dieffenbachstr. 1, 1000 Berlin 61

Dorow, R., Dr., Schering Aktiengesellschaft, Klinische Neuropsychopharmakologie, Postfach 65 03 11, 1000 Berlin 65

Engfer, A., Dr., Schering Aktiengesellschaft, Pharma Deutschland Medizin,
Postfach 65 03 11, 1000 Berlin 65

Meier-Ewert, K., Prof. Dr., Neurologische Klinik Hephata,
Heinrich-Wiegand-Str. 57, 3575 Schwalmstadt 1

Rudolf, G. A. E., Prof. Dr., Klinik für Psychiatrie der Universität Münster,
Albert-Schweitzer-Str. 11, 4400 Münster

Schmidt, L. G., Dr., Psychiatrische Klinik und Poliklinik der FU Berlin,
Eschenallee 3, 1000 Berlin 19

Schulz, H., Priv.-Doz. Dr., Psychiatrische Klinik der FU Berlin,
Labor für klinische Psychophysiologie,
Eschenallee 3, 1000 Berlin 19

Vorwort

G. A. E. Rudolf

Es ist schon Tradition, daß die Schering-AG zum Berliner Kongress für Ärztliche Fortbildung ein Begleitsymposium zum Thema Schlafstörungen veranstaltet und die Referate anschließend publiziert werden.
Immer sollten bei diesen Symposien auch die praxisrelevanten Aspekte der Behandlung von Schlafstörungen dargestellt und diskutiert werden. Das ist im vorliegenden Band sicherlich auch der Fall. Doch gibt es in ihm kein Referat, in dem die allgemeinen Grundlagen der Behandlung von Schlafstörungen noch einmal systematisch dargestellt werden. Darüber kann unter anderem in den Berichtsbänden der vorangegangenen Symposien nachgelesen werden. Praxisrelevanz zeigt sich in den jeweiligen Referaten aber dennoch, und zwar indem Einzelaspekte aufgezeigt werden, spezielles Wissen für den behandelnden Arzt vertieft, und somit seine Expertenrolle als Therapeut gestärkt wird.
So einfach die Behandlung von Schlafstörungen auf den ersten Blick auch erscheinen mag — bekanntlich kommen die Patienten ja schon mit einer fertigen Diagnose in die Sprechstunde: „Herr Doktor, ich habe Schlafstörungen!" — so einfach ist sie dann doch nicht. Mit einem schnellen Griff zum Rezeptblock und mit der Verschreibung eines Schlafmittels ist es eben nicht getan. Schlafstörungen, so scheint es, werden immer noch nicht hinreichend ernstgenommen. Sie werden mit Blick auf die jeweiligen Ursachen allzu oft nicht adäquat behandelt, das heißt allein mit Hypnotika oder anderen sedierenden und/oder schlafanstoßenden Psychopharmaka. Allzu oft führt das zu überlangen Einnahmezeiten, zur Chronifizierung der Schlafstörungen, zu Abhängigkeitsentwicklungen, zu einer letztlich nicht hinreichenden Behandlung und damit zu Unzufriedenheit bei Patienten und Therapeuten.
Auch für die Behandlung von Schlafstörungen ist eine differenzierte Diagnostik die beste Voraussetzung für eine erfolgversprechende Therapie. Und auch bei der Behandlung von Schlafstörungen gilt die allgemein anerkannte Regel, daß Krankheiten am besten dadurch behandelt werden, daß man ihre Ursachen beseitigt. In der Regel gelingt das aber nicht allein mit der Einnahme einer Schlaftablette.
Im ersten Referat werden Einflüsse und Abhängigkeiten zwischen dem Schlaf und der zirkadianen Rhythmik dargestellt, also grundlegende Fakten, aus

denen Verständnis für verschiedenste Aspekte des gestörten Schlafes gewonnen werden können.
Das zweite Referat befaßt sich mit der Diagnostik und Therapie der durch die moderne Schlaflaborforschung stärker in den Vordergrund tretenden, bisher in der Praxis zu oft übersehenen oder vernachlässigten Schlafstörungen vom Typ der Hyper- und Parasomnien.
Die drei folgenden Referate behandeln Fragen der Schlafmitteltherapie. Zuerst geht es um die Frage, welche Medikamente — vorausgesetzt, daß es eine Indikation für die Anwendung von Hypnotika gibt — die in der Regel besten für den Patienten sind. Im dann folgenden Referat geht es um die Erkennung der Suchtgefährdung und die Verhinderung einer Abhängigkeitsentwicklung bei Patienten, die ein Schlafmittel verordnet bekommen. Das letzte Referat verschafft eine Übersicht über den heutigen Kenntnisstand des Auftretens von anterograden Amnesien nach der Einnahme oder Applikation von Benzodiazepinen.
Nutzen und Risiken der individuellen Anwendung von Benzodiazepin-Hypnotika, die auch heute noch die Schlafmittel der ersten Wahl sind, müssen gegeneinander abgewogen werden. Ihr Nutzen ist in ihrer vorübergehenden Hilfe für schlafgestörte Patienten zu sehen, und zwar kritisch kontrolliert so lange angewendet, bis die breit angelegte, ursachenorientierte Behandlung eine Verringerung oder eine Beseitigung der Schlafstörungen wahrscheinlich erscheinen läßt. Dann ist die Dosis vorsichtig zu reduzieren. Und natürlich muß der Arzt den Patienten auch während dieser dann tablettenfreien Phase des Lebens weiterhin psychotherapeutisch orientiert begleiten.
Diese Gedankengänge mögen recht akademisch klingen. In der Praxis, so hört man, sehe doch alles ganz anders aus. Das mag heute auch noch so sein. Wir sind aber aufgerufen, das zu ändern. Wir wissen, was wir in der Vergangenheit — fraglos ungewollt — falsch gemacht haben, wir wissen heute aber auch, wo Veränderungen unseres therapeutischen Verhaltens notwendig sind. Unseren Patienten werden unsere ärztlichen Dienstleistungen dann besser bekommen, sie werden zufriedener sein. Nicht zuletzt sehen wir selbst mehr Erfolg unserer Bemühungen. Das ist der beste Lohn für anstrengende Arbeit und beste Voraussetzung für eine tranquilitas animae des engagiert tätigen Arztes. Sicherlich schläft er dann auch besser als zuvor — und hoffentlich ohne die Hilfe einer Schlaftablette.

Schlaf und zirkadiane Rhythmik

H. Schulz

In der Geschichte der neueren experimentellen Schlafforschung, die mit der Entdeckung des aktiven Schlafes und der Trennung in die beiden Schlafarten REM-Schlaf (**r**apid **e**ye **m**ovement sleep) und nonREM (NREM)-Schlaf beginnt (4), lassen sich zwei Phasen unterscheiden.

Die Untersuchung der Binnenstruktur des Schlafes

Bis 1980 galt das Hauptinteresse der Untersuchung der zeitlichen Struktur und der physiologischen Merkmale des Schlafes selbst. Mit Hilfe von Läsions- und Stimulationstechniken wurden die Hirnstammstrukturen isoliert, denen die Steuerung des zyklischen Schlafablaufs zugeschrieben wurde.
In JOUVETS Amin-Theorie des Schlafes (14) wurden den serotonergen Neuronen der Raphe-Kerne Schrittmachereigenschaften für den NREM-Schlaf mit langsamen Wellen im EEG zugeschrieben, den noradrenergen Neuronen des Locus coeruleus hingegen solche für den REM-Schlaf. Der Nachweis, daß die Blockade des serotonergen Systems durch Parachlorphenylalanin (PCPA) bei Katzen lang anhaltende Schlaflosigkeit bewirkt, war ein Stützpfeiler dieser Theorie.
Die Rolle cholinerger Systeme bei der Schlafsteuerung wurde zuerst von HERNANDEZ-PÉON (12) untersucht und später in dem von HOBSON et al. (13) entwickelten neurophysiologischen Modell des Schlafes betont. Letztere Autoren nahmen an, daß ein rückgekoppelter Regelkreis zwischen den noradrenergen Zellen des Locus coeruleus und cholinergen Riesenzellen des pontinen Haubenfeldes (giant cells of the tegmental field, FTG) die ultradianen Oszillationen von REM- und NREM-Schlafphasen steuert. Grundlegend für dieses Modell waren lang dauernde Einzelzellableitungen, die eine selektive, zustandsabhängige Aktivität der beiden Neuronenpopulationen nahelegten. Pharmakologische Experimente unterstützten diese Modellannahmen. Carbachol, ein Cholinomimetikum, löst bei der Katze lang anhaltende REM-schlafanaloge Zustände aus (23), während die Applikaton von Physostigmin im NREM-Schlaf beim Menschen ein beschleunigtes Auftreten von REM-Schlaf bewirkt (11). Diese biochemisch-pharmakologischen Vorstellungen über die

Schlafregulation beschränkten sich auf die Beschreibung des inneren Schlafablaufs, den REM-NREM-Zyklus, sparten aber tagesperiodische Prozesse und damit die Interaktion von Schlafen und Wachen aus.

Die Untersuchung zirkadianer Rhythmen

Parallel zur Schlafforschung, aber weitgehend unabhängig von ihr, entwickelte sich das Gebiet der Chronobiologie, hier vor allem die Untersuchung tagesperiodischer Prozesse, sogenannter *zirkadianer Rhythmen* (circa dies: etwa ein Tag). Die Untersuchungen zeigten nicht nur, daß der tägliche Licht-Dunkel-Wechsel Ruhe und Aktivität reguliert (Schlaf-Wach-Rhythmus), sondern auch, daß eine Vielzahl physiologischer und endokrinologischer Meßgrößen sowie psychologischer Leistungen zirkadiane Schwankungen aufweisen (3, 29). Um zu entscheiden, ob zirkadiane biologische Rhythmen eine passive Anpassung an externe, geophysikalische *Zeitgeber* darstellen oder ob sie im Sinne „biologischer Uhren" im Organismus selbst verankert sind, wurden bei Pflanzen, Tieren und Menschen Untersuchungen unter Ausschluß aller äußeren Zeitgeber — in „zeitfreier" Umgebung — durchgeführt, beim Menschen z. B. in vollinstallierten unterirdischen Versuchsräumen („Bunker"-Experimente). Diese Untersuchungen zeigten überzeugend, daß die zirkadianen Rhythmen endogenen Ursprungs sind und auch nach Ausschluß äußerer Zeitgeber nicht erlöschen. Unter diesen Bedingungen weicht die beobachtete Periode allerdings systematisch von 24 Stunden ab, d. h. die zirkadianen Rhythmen laufen frei. Beim Menschen liegt die freilaufende Periodendauer meist nahe bei 25 Stunden (29).
Das endogen-rhythmische System ermöglicht es dem Organismus, sich *antizipatorisch* auf Veränderungen in seiner Umwelt einzustellen und nicht nur passiv auf sie zu reagieren. Neben dem klassischen Prinzip der reaktiven Homöostase verfügt der Organismus somit auch über einen Mechanismus der antizipatorischen Homöostase (21), der es ihm erlaubt, sein Überleben sichernde Aktivitäten wie Futtersuche, Sozialverhalten und Feindvermeidung an den 24-stündigen Wechsel der Umwelt anzupassen.
Beobachtet man freilaufende zirkadiane Rhythmen über längere Zeit, dann findet sich in der Mehrzahl der Fälle eine *Koppelung* verschiedener Rhythmen, die untereinander eine feste Phasenbeziehung einhalten.
Beim Menschen können verschiedene zirkadiane Rhythmen in zeitgeberfreier Umgebung jedoch auch *desynchronisieren,* d. h. sie können stark voneinander abweichende Periodenwerte annehmen. Dies gilt vor allem für den Ruhe-Aktivitäts-Rhythmus, dessen Periode wesentlich länger oder kürzer sein kann als die Periode anderer zirkadianer Rhythmen, die weiterhin nahe bei 25 Stunden bleibt (Abb. 1).

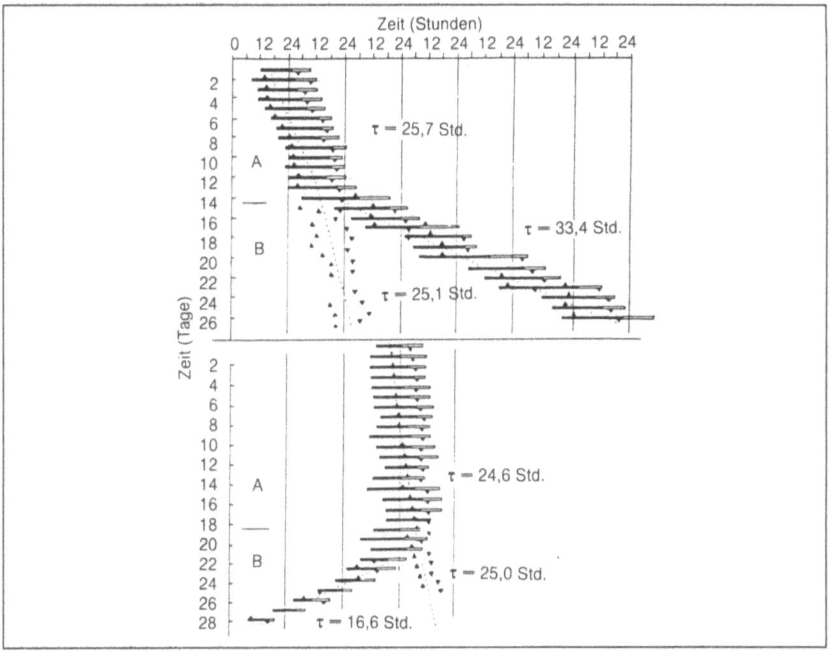

Abb. 1: Zirkadiane Rhythmen von Aktivität (schwarze Balkenabschnitte) und Ruhe (weiße Balkenabschnitte) sowie der Rektaltemperatur (Temperaturmaxima: Dreiecke nach oben; Temperaturminima: Dreiecke nach unten) beim Menschen. Der obere Bildteil zeigt das Beispiel einer *Verlängerungs-Desynchronisation.* Während die zirkadianen Rhythmen von Ruhe/Aktivität und Körpertemperatur in den ersten 14 Tagen unter Zeitisolation synchron mit einer Periode τ = 25,7 Std. verlaufen (Abschnitt A), kommt es danach spontan zu einer Desynchronisation beider Rhythmen (Abschnitt B). Während die mittlere Periode des Temperaturrhythmus in der Nähe von 25 Stunden bleibt (τ_{Temp} = 25,1 Std.), kommt es zu einer deutlichen Verlängerung der „subjektiven Tage" ($\tau_{R/A}$ = 33,4 Std.). Der girlandenförmige Verlauf der Ruhe-/Aktivitätsphasen zeigt aber, daß zwischen diesem Rhythmus und dem der Körpertemperatur weiterhin eine relative Koordination besteht.

Im unteren Bildteil ist ein Beispiel für eine *Verkürzungs-Desynchronisation* dargestellt. Die Symbole sind wie im oberen Bildteil zu lesen. In diesem Falle werden die „subjektiven Tage" ab dem 18. Versuchstag spontan deutlich kürzer als der zirkadiane Temperaturrhythmus. (Quelle: 28)

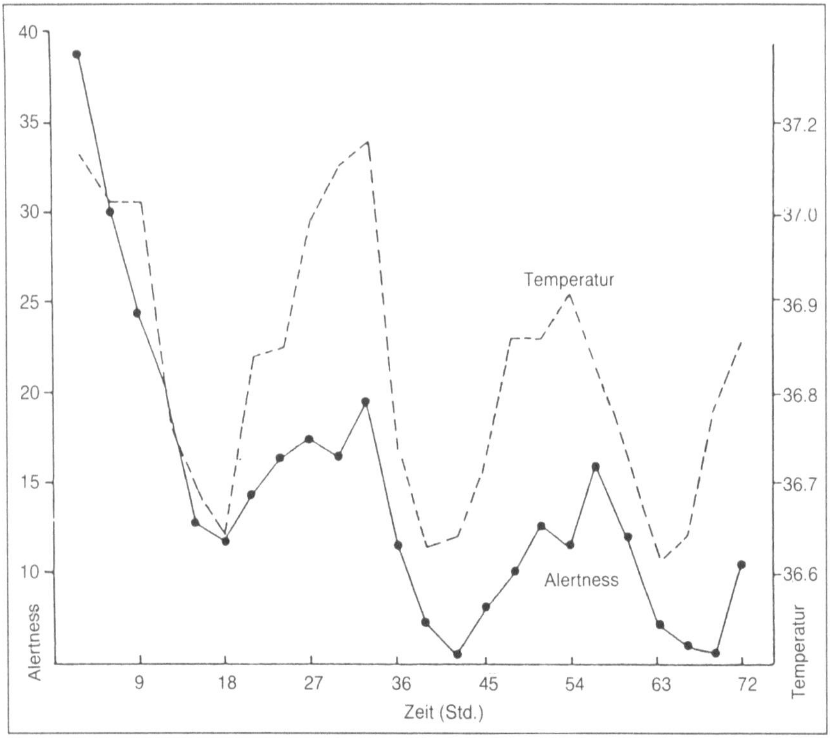

Abb. 2: Zirkadiane Variationen der *subjektiven Wachheit* (Alertness) und der Körpertemperatur (Temp) während 72stündigen *Schlafentzugs.* Obwohl die mittlere Wachheitskurve über den gesamten Beobachtungszeitraum erwartungsgemäß abfällt, bleiben deutliche Tagesschwankungen sichtbar. Die enge Beziehung zwischen dem Verlauf der Körpertemperatur und der subjektiven Wachheit fällt ins Auge: Bei niederen Temperaturwerten ist die Müdigkeit am größten, bei hohen Temperaturen am geringsten. (Quelle: 10)

Aus diesen Beobachtungen wie auch aus Untersuchungen mit künstlichen Zeitgebern zur Ermittlung des *Mitnahmebereichs* („range of entrainment“) zirkadianer Rhythmen wurde geschlossen, daß mindestens zwei biologische Oszillatoren die zirkadianen Rhythmen steuern. Der „starke“ Oszillator treibt dabei die zirkadianen Schwankungen der Körpertemperatur, der Cortisolsekretion und des REM-Schlafes an, während der „schwache“ Oszillator den Schlaf-Wach-Zyklus und die Sekretion von Wachstumshormonen reguliert (22).

Die Kombination schlafabhängiger und zirkadianer Prozesse

Borbély (6) hat 1982 ein Modell vorgeschlagen, das aus der Sicht des Schlafforschers wesentliche Ergebnisse der Schlafforschung und der biologischen Rhythmusforschung zusammenfaßt. Dieses *Zwei-Prozeß-Modell* postuliert, daß der Schlaf sowohl durch einen schlafinternen (Prozeß S) als auch durch einen zirkadianen Prozeß (Prozeß C) geregelt wird. Neben den schon genannten Beobachtungen aus der Chronobiologie waren es mehrere Befunde der Schlafforschung, die zu der Konzipierung des Modells beitrugen:

1. Untersuchungen bei Schlafentzug haben gezeigt, daß die subjektive Wachheit („alertness") zwar mit der Dauer des Schlafentzuges erwartungsgemäß abnimmt, die Beurteilung aber weiterhin starke tageszeitliche Schwankungen aufweist (Abb. 2).
2. Während der Erholungsschlaf nach längerem Schlafentzug in seiner Dauer nicht wesentlich verlängert ist, unterscheidet er sich vom Kontrollschlaf jedoch durch eine größere Schlaftiefe. Im Erholungsschlaf treten vermehrt langsame, hochamplitudige Wellen im EEG auf, d. h. die Power im Deltafrequenzbereich (0.5 — 2.0 Hz) nimmt signifikant zu (6).

Das Modell (Abb. 3) postuliert die Interaktion zwischen einem homöostatisch geregelten Prozeß S und einem zirkadian modulierten Schwellenprozeß C. Prozeß S, dessen biologische Natur noch unbekannt ist, wächst mit zunehmender Wachdauer an und fällt im Schlaf — entsprechend der Abnahme der EEG-Deltaaktivität — annähernd exponentiell ab. Als Korrelat für den Aufbau von Prozeß S im Wachen könnte vielleicht eine endogene Schlafsubstanz vermutet werden (7). Wie Abb. 3 zeigt, fluktuiert der Aufbau- und Abbauprozeß zwischen zwei zirkadian modulierten Schwellen, einer Einschlaf- und einer Aufwachschwelle. Während der Prozeß S als Erneuerungsprozeß funktioniert, wird angenommen, daß der zirkadiane Schwellenprozeß die Eigenschaften eines biologischen Oszillators besitzt. Beide Prozesse wirken additiv zusammen und bestimmen die Schlafbereitschaft. Die Integration schlafabhängiger und zirkadianer Prozesse in diesem Modell könnte ein Anstoß sein, beide Aspekte bei der Suche nach der Verursachung von Schlafstörungen und bei der Konzeption von Therapieverfahren zu berücksichtigen.

Zirkadiane Aspekte bei Schlafstörungen

Schlafstörungen werden nach einem heute gebräuchlichen Klassifikationssystem (5) in vier Hauptgruppen eingeteilt:

— Hyposomnien
— Hypersomnien

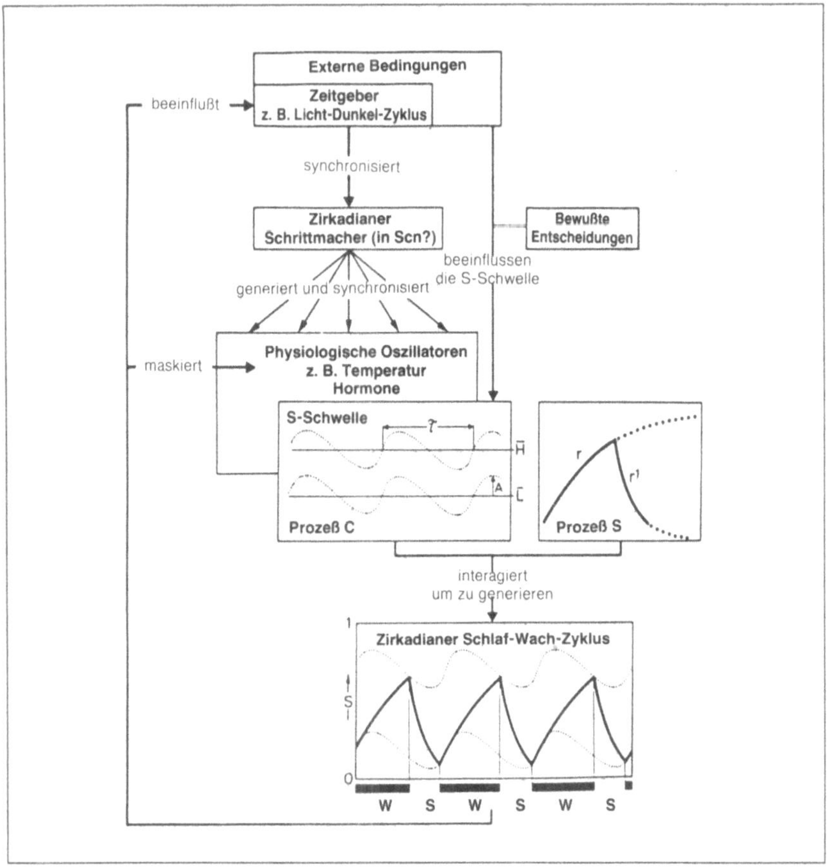

Abb. 3: Schema zur Interaktion schlafabhängiger (Prozeß S) und zirkadianer (Prozeß C) Komponenten bei der Regelung des Schlaf-Wach-Rhythmus. Das Kernstück des Modells ist im unteren Bildteil dargestellt: Es wird angenommen, daß Prozeß S im Wachen aufgebaut und im Schlaf wieder abgebaut wird. Dieser Erneuerungsprozeß wird durch zwei zirkadiane Schwellen begrenzt. Dabei repräsentiert die obere Schwelle (H) das Einschlafen, die untere Schwelle (L) hingegen das Aufwachen. Im oberen Teil der Abbildung sind die physiologischen und psychologischen Prozesse angedeutet, von denen angenommen wird, daß sie an der Kontrolle zirkadianer Rhythmen beteiligt sind. Als wesentlicher zirkadianer Schrittmacher werden Neurone des Nucleus suprachiasmaticus (SCN) im Hypothalamus vermutet. (Quelle: 9)

— Parasomnien
— Störungen der Schlaf-Wach-Regulation

In der letzten Gruppe werden Schlafstörungen zusammengefaßt, die durch Störungen des zirkadian-rhythmischen Systems verursacht werden. Dazu gehören Schlafstörungen bei Schichtarbeit oder sehr unregelmäßiger Lebensweise mit stark wechselnden Ruhezeiten ebenso wie erzwungene Phasenverschiebungen zirkadianer Rhythmen bei Transkontinentalflügen (Jet-lag-Syndrom).

Die Symptome des Jet lag werden durch eine Phasenverschiebung der internen zirkadianen Rhythmen gegenüber dem externen Hell-Dunkel-Rhythmus verursacht. Bei Flügen in Westrichtung kommt es zu einem Hinausschieben (phase delay), d. h. am neuen Ort wird es entsprechend der Zeitdifferenz später dunkel. Bei Flügen in Ostrichtung kommt es zu einer Phasenverlängerung (phase advance), d. h. am neuen Ort wird es früher dunkel. Vor allem diese zweite Art von Zeitverschiebung bereitet vielen Menschen Umstellungsschwierigkeiten: Der Nachtschlaf ist gestört, es kommt zu verfrühtem Erwachen und die Tagesmüdigkeit nimmt zu.

Diese verschiedenen Bedingungen haben einen doppelten Effekt auf den Schlaf. Zum einen bewirken sie eine Phasenverschiebung zwischen der Schlafzeit und den äußeren Zeitgebern. Bei der Wechselschichtarbeit etwa fällt der Schlaf häufig in eine Tageszeit mit hoher Lichtintensität, hohem Umgebungslärm und sozialer Interaktion — alles Bedingungen, die sich störend auf den Schlaf auswirken. Zum anderen erzwingen diese Bedingungen oft eine Desynchronisation verschiedener interner zirkadianer Rhythmen. Schlaf bei Schichtarbeit wie auch nach einem Flug über mehrere Zeitzonen führt dazu, daß die Schlafphase nicht — wie üblich — mit dem Tagesminimum der Körpertemperatur zusammenfällt, sondern mit dem Maximum. Schlaf bei hoher Körpertemperatur ist jedoch meist kürzer und weniger gut konsolidiert als Schlaf zur gewohnten Zeit. Untersuchungen mit Zeitverschiebung haben gezeigt, daß bis zu zwei Wochen vergehen können, bis sich der Verlauf der Körpertemperatur in der neuen Phasenlage wieder weitgehend normalisiert hat (15). Ähnliches gilt für die Sekretion von Hormonen. Während sich „schlafabhängige" Hormone wie z. B. das menschliche Wachstumshormon unmittelbar umstellen, dauert die Umstellung bei Hormonen wie etwa Cortisol, die einer stärker zirkadianen Steuerung unterliegen, erheblich länger (20).

Schlaf, Schlafentzug und Depression

Schlafstörungen bei depressiven Erkrankungen wurden in den letzten Jahren sehr eingehend untersucht, insbesondere im Hinblick auf eine vermutete zirka-

diane Störung. Ausgehend von der klinischen Beobachtung des verfrühten morgendlichen Erwachens und dem Laborbefund einer verkürzten REM-Schlaflatenz in der Depression wurde die Hypothese aufgestellt, daß sich die typischen Schlafstörungen in der Depression entweder als Folge einer Desynchronisation (16) oder aber einer Phasenverschiebung zirkadianer Rhythmen (27) einstellten. Die bisher vorliegende empirische Evidenz (30) spricht jedoch nicht für eine kausale Rolle zirkadianer Rhythmusstörungen bei der Genese der Schlaf- und Befindlichkeitsstörungen depressiver Patienten.
Eine alternative Hypothese wurde von BORBÉLY und WIRZ-JUSTICE (8) vorgeschlagen, die annehmen, daß die Schlafstörungen in der Depression nicht durch eine Störung des zirkadianen Schwellenprozesses (Abb. 3), sondern durch ein Defizit im Prozeß S im Sinne eines verzögerten Anstiegs von Prozeß S während der Wachzeit bedingt sind. Die therapeutische Wirkung von Schlafentzug (17) bestünde nach dieser Überlegung darin, daß durch die verlängerte Wachzeit Prozeß S auf das normale Niveau ansteigen kann. Die nur kurzfristige Wirkung dieser therapeutischen Maßnahme würde sich dadurch erklären, daß es im Erholungsschlaf erneut zum Abbau von Prozeß S kommt.
Die Wirksamkeit partiellen Schlafentzugs — d. h. des Entzugs des Schlafes der zweiten Nachthälfte, die besonders reich an REM-Schlaf ist — sowie die positiven Effekte von selektivem REM-Schlafentzug bei endogen Depressiven (26) deuten jedoch auch darauf hin, daß der antidepressive Effekt durch die selektive Unterdrückung von REM-Schlaf bewirkt wird. Diese Annahme könnte auch für die Wirkung trizyklischer Antidepressiva gelten, die in ihrer Mehrzahl potente REM-Schlaf-Inhibitoren sind.

Medikamente gegen Jet lag?

In den letzten Jahren wurde verschiedentlich versucht, die Resynchronisation nach Zeitzonenwechseln pharmakologisch zu beeinflussen.
Die ersten Versuche wurden mit *Melatonin,* dem Hauptprodukt des Pinealorgans, durchgeführt. Melatonin wird vorwiegend in der Dunkelheit sezerniert und durch helles Licht effektiv blockiert (19).
In einer Doppelblindstudie wurde der Effekt von Melatonin versus Plazebo unter realen Flugbedingungen verglichen (2). Siebzehn Probanden flogen von London nach San Francisco, was einer Zeitverschiebung von acht Stunden entspricht. Drei Tage vor ihrem Rückflug beginnend, nahmen sie um 18.00 Uhr oral entweder 5 mg Melatonin oder Plazebo ein. Die Einnahme wurde nach der Rückkehr nach London noch für vier Tage vor dem Zubettgehen (zwischen 22.00 und 24.00 Uhr) fortgesetzt. Das Ausmaß der Jet-lag-Beschwerden wurde von den Probanden sieben Tage nach der Rückkehr aus San Francisco

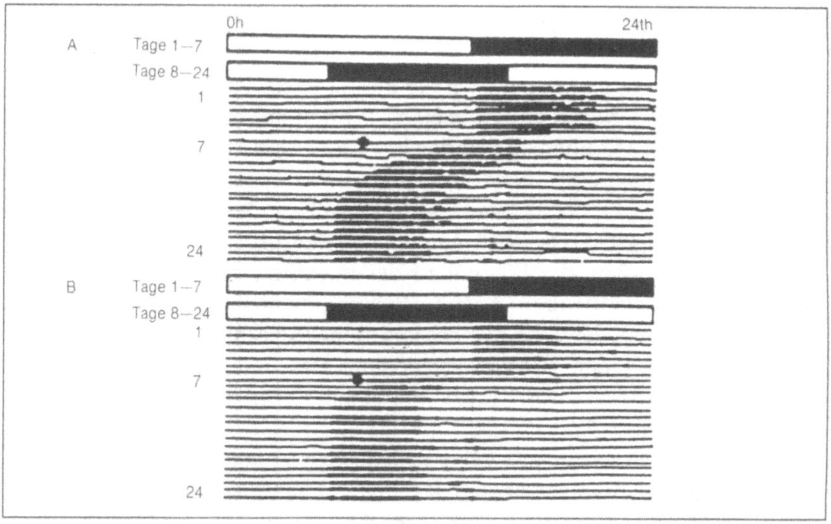

Abb. 4: Geschwindigkeit der Resynchronisation des Ruhe-Aktivitäts-Rhythmus von Hamstern nach einer Verschiebung des Licht-Dunkel-Wechsels. In den Tagen 1—7 war das Licht von 0—12.00 Uhr an und von 12.00—24.00 Uhr aus (LD 12:12). An den Tagen 8—24 wurde der Licht-Dunkel-Wechsel um 6 Stunden vorverschoben. Unter dem Beleuchtungsregime ist die Ruhe-Aktivitäts-Verteilung der Hamster dargestellt, die mit einem Ereignisschreiber kontinuierlich aufgezeichnet wurde. Bei den nachtaktiven Hamstern fällt die Hauptaktivität in die Dunkelzeit. Nach Verschiebung des Licht-Dunkel-Wechsels kommt es zu einer zeitlichen Umstellung des Ruhe-Aktivitäts-Zyklus: die Tiere passen ihren zirkadianen Aktivitätsrhythmus den neuen Gegebenheiten an. Diese *Resynchronisation* wird durch eine intraperitoneale Injektion von 2,5 mg Triazolam am 7. Versuchstag beschleunigt (Teil B), während die Injektion eines Plazebos (Teil A) keinen Einfluß hat. Der Zeitpunkt der Injektion ist durch den dunklen Stern markiert. (Quelle: 24)

auf einer visuellen Analogskala zwischen den Polen 0 („unbedeutend“) und 100 („sehr schlecht“) beurteilt. Während in der Plazebo-Gruppe sechs von neun Probanden das Ausmaß ihrer Beschwerden mit Werten über 50 angaben, tat dies in der Melatonin-Gruppe keiner der acht Probanden. Offen ist derzeit noch die Interpretation dieses deutlichen Effekts. Das Hormon könnte entweder direkt auf das zirkadiane System eingewirkt und damit die Resynchronisation beschleunigt haben oder aber die Wirkung erfolgte dadurch, daß sich die

Qualität des Nachtschlafes durch die schlaffördernde Wirkung des Melatonins verbesserte (1).
Praktische Bedeutung könnten auch die Befunde von TUREK und VAN REETH (24) erlangen, daß *Benzodiazepine* einen Einfluß auf die Phase zirkadianer Rhythmen ausüben können. Sie fanden in Untersuchungen an Hamstern, daß sowohl eine einmalige als auch eine wiederholte Injektion eines kurzwirksamen Benzodiazepins (Triazolam 2,5 mg) eine Phasenverschiebung des Aktivitätsrhythmus bewirkt. Die Richtung und das Ausmaß der Phasenverschiebung hingen dabei von der Phasenlage des Injektionszeitpunkts relativ zum Ruhe-Aktivitäts-Zyklus ab (Abb. 1, Phasenantwortkurve). Die Autoren konnten auch zeigen, daß die Resynchronisation des zirkadianen Ruhe-Aktivitäts-Zyklus nach einer Phasenverschiebung des externen Licht-Dunkel-Wechsels nach der Gabe von Triazolam schneller erfolgte als nach der Gabe eines Plazebos (Abb. 4).
Bei der Interpretation dieser Ergebnisse ist derzeit — ebenso wie beim Melatonin — die Frage noch ungeklärt, ob das Pharmakon über GABAerge Mechanismen direkt auf das zirkadiane Schrittmachersystem einwirkt oder ob Rückkoppelungsmechanismen, vermittelt über die hypnogenen Eigenschaften des Benzodiazepins oder über eine veränderte motorische Aktivität, den Effekt auf die zirkadiane Phase bewirken (25).
Die beiden hier angeführten Beispiele unterstreichen die Bedeutung chronopharmakologischer Gesichtspunkte (18) bei der Untersuchung der Wirkung von Pharmaka auf gestörte Schlaf-Wach-Rhythmen.

Literatur

1 ARENDT J, BORBÉLY AA, FRANEY C, WRIGHT J. The effects of chronic, small doses of melatonin given in the late afternoon on fatigue in man: A preliminary study. Neurosci Lett 1984, 45: 317—321.

2 ARENDT J, ALDHOUS M, MARKS V. Alleviation of jet lag by melatonin: Preliminary results of controlled double blind trial. Br Med J 1986, 292: 1170.

3 ASCHOFF J. Circadian rhythms: General features and endocrinological aspects. In: Krieger DT (Hrsg). Endocrine Rhythms. Raven Press: New York 1979: 1—61.

4 ASERINSKY E, KLEITMAN N. Regular occuring periods of eye motility and concomitant phenomena during sleep. Science 1953, 118: 273—247.

5 Association of Sleep Disorders Centers (Hrsg). Diagnostic Classification of Sleep and Arousal Disorders, 1st edn., prepared by the Sleep Disorders Classification Committee. Roffwarg HP, Chairman. Sleep 1979, 2: 1—137.

6 BORBÉLY AA. A two-process model of sleep regulation. I. Physiological basis and outline. Hum Neurobiol 1982, 1: 195—204.

7 BORBÉLY AA, TOBLER I. Endogenous sleep-promoting substances and sleep regulation. Physiol Rev 1989, 69: 605—670.

8 BORBÉLY AA, WIRZ-JUSTICE A. Sleep, sleep derivation and depression. Hum Neurobiol 1982, 1: 205—210.

9 Daan S, Beersma DGM, Borbély AA. Timing of human sleep: Recovery process gated by a circadian pacemaker. Am J Physiol 1984, 246: R161—R178.
10 Froberg JE. Twenty-four hour pattern in human performance, subjective and physiological variables and differences between morning and evening active subjects. Biol Psychiat 1977, 5: 119—134.
11 Gillin JC, Sitaram N, Mendelson WB. Acetylcholine, sleep and depression. Hum Neurobiol 1982, 1: 211—219.
12 Hernandez-Péon R. Central neuro-humoral transmission in sleep and wakefulness. In: Akert K, Bally C, Schade JP (Hrsg). Progress in Brain Research. Vol. 18: Sleep Mechanisms. Elsevier: Amsterdam 1965: 96—117.
13 Hobson JA, McCarley RW, Wyzinski PW. Sleep cycle oscillation: Reciprocal discharge by two brainstem neuronal groups. Science 1975, 189: 55—58.
14 Jouvet M. Biogenic amines and the states of sleep. Science 1969, 163: 32—41.
15 Knauth P, Rutenfranz J, Herrmann G et al. Re-entrainment of body temperature in experimental shift-work studies. Ergonomics 1978, 21: 775—783.
16 Kripke DF, Mullaney DJ, Atkinson M, Wolf S. Circadian rhythm disorders in manic depressives. Biol Psychiat 1978, 13: 335—351.
17 Kuhs H, Tölle R. Schlafentzug (Wachtherapie) als Antidepressivum. Fortschr Neurol Psychiat 1986, 54: 341—355.
18 Lemmer B. Chronopharmakologie. Tagesrhythmen und Arzneimittelwirkung. Wissenschaftliche Verlagsgesellschaft: Stuttgart 1983.
19 Lewy AJ, Wehr T, Goodwin F. Light suppresses melatonin secretion in humans. Science 1980, 210: 1267—1269.
20 Minors DS, Waterhouse JM. Circadian Rhythms and the Human. Wright PSG: Bristol-London-Boston 1981.
21 Moore-Ede MC. Physiology of the circadian timing system: Predictive versus reactive homeostasis. Am J Physiol 1986, 250: R735—R752
22 Moore-Ede MC, Sulzman FM, Fuller CA. The clocks that time us. Harvard University Press: Cambridge/Mass. 1982.
23 Silberman EK, Vivaldi E, Garfield J, McCarley RW, Hobson JA. Carbachol triggering of desynchronized sleep phenomena: Enhancement via small volume infusions. Brain Res 1980, 191: 215—224.
24 Turek FW, Van Reeth O. Altering the mammalian circadian clock with the short-acting benzodiazepine, triazolam. Trends in Neuroscience (TINS) 1988, 11: 535—541.
25 Van Reeth O, Turek FW. Stimulated activity mediates phase shifts in the hamster circadian clock induced by dark pulses or benzodiazepines. Nature 1989, 339: 49—51.
26 Vogel GW, Thurmond A, Gibbons P, Sloan K, Boyd M, Walker M. REM sleep reduction effects on depression syndroms. Arch Gen Psychiat 1975, 32: 765—777.
27 Wehr TA, Goodwin FK. Biological rhythms in manic-depressive illness. In: Wehr TA, Goodwin FK. (Hrsg). Circadian Rhythms in Psychiatry. Boxwood Press: Pacific Grove 1983, 129—184.
28 Wever RA. The circadian multioscillator system of man. Int J Chronobiol 1975, 3: 19—55.
29 Wever RA. The circadian system of man. Results of experiments under temporal isolation. Springer: Berlin-Heidelberg-New York 1979.
30 V Zerssen D. Circadian phenomena in depression: Theoretical concepts and empirical findings. In: Hekkens WThJM, Kerkhof GA, Rietveld WJ. (Hrsg). Trends in Chronobiology. Pergamon: Oxford 1988, 357—366.

Diagnose und Therapie von Schlafstörungen unter besonderer Berücksichtigung der Hypersomnien und Parasomnien

K. Meier-Ewert, A. Engfer

Die Variabilität des Schlaf-Wach-Verhaltens beim Menschen unterliegt biologischen, sozialen, kulturellen und geographischen Einflüssen.
Von diesen vielfältigen Einflußmöglichkeiten seien hier beispielhaft genannt: Endogene zirkadiane Rhythmen, Alter, Krankheiten, Arbeitsbedingungen (Schichtarbeit), Wohnverhältnisse, Lebensformen, unterschiedliche Tag-/Nachtlängen. Sie alle können Schlafen und Wachen sowohl im positiven wie im negativen Sinn beeinflussen.
Schlafen und Wachen sind voneinander abhängige Bestandteile einer 24-Stunden-Zyklik. Art, Häufigkeit, Intensität und Dauer der Beeinträchtigungen während der Schlafphase beeinflussen das Ausmaß der Befindlichkeitsstörungen in der Wachphase und umgekehrt. Aus der Beobachtung dieses Wechselspiels leiten sich die zu ergreifenden diagnostischen und therapeutischen Maßnahmen ab.

Zur Epidemiologie der Schlafstörungen

Die Häufigkeit von Schlafstörungen in der erwachsenen Allgemeinbevölkerung in westlichen Industrieländern wurde in mehreren epidemiologischen Erhebungen ermittelt. Z. B.:
- Eine Fragebogenaktion in der Umgebung von Dundee und Glasgow (22).
- Ein Gesundheitsfragebogen in einem vorwiegend städtischen Gebiet Floridas (15).
- Eine repräsentative Umfrage zur Prävalenz von Schlafstörungen im städtischen Gebiet von Los Angeles (3).
- Eine epidemiologische Untersuchung in der Bevölkerung von San Marino (21).
- Eine über einen Zeitraum von 25 Jahren mehrmals wiederholte demoskopische Befragung der Bevölkerung in der Bundesrepublik Deutschland (28).

Die erhaltenen Daten wurden in Beziehung gesetzt zu Alter, Geschlecht, Sozialstatus, Zustand der körperlichen und geistigen Gesundheit und zum Bildungsgrad.

Die Vergleichbarkeit der in den verschiedenen Studien ermittelten Daten wird eingeschränkt durch Inhalt und Art der jeweiligen Fragestellung, durch die Teilnehmerauswahl, durch jahreszeitlich verschiedene Befragungszeitpunkte und durch regionale Besonderheiten.
Die Beurteilung des Ausmaßes der Schlaflosigkeit wird zusätzlich durch die Tatsache limitiert, daß zwischen der objektiven und subjektiven Bewertung dieser Störung oft eine Diskrepanz besteht (5). Schlechte Schläfer schätzen im Vergleich zu guten Schläfern ihre Einschlafzeit zu hoch und ihre Durchschlafzeit zu kurz ein (1).
Trotz dieser Einschränkungen in der Vergleichbarkeit findet sich in den folgenden Punkten eine gute Übereinstimmung:

1. Etwa ein Drittel der Bevölkerung in den westlichen Industrieländern klagt über Schlafstörungen.
2. Die Häufigkeit von Schlaflosigkeit steigt mit zunehmendem Alter an. Dieser Alterstrend ist nicht linear; in bestimmten Lebensabschnitten (z. B. Beginn des Klimakteriums bei Frauen, Beginn des Ruhestandes bei Männern) ist ein stärkerer Zuwachs zu beobachten.
3. Frauen klagen häufiger über Schlaflosigkeit als Männer.
4. Schlafstörungen finden sich häufiger bei Menschen mit niedrigem Sozialstatus und Bildungsniveau.
5. Der Schlafmittelverbrauch nimmt mit steigendem Alter zu. Frauen verwenden häufiger Schlafmittel als Männer.

Nach anderen epidemiologischen Untersuchungen scheinen (ältere) Menschen mit einer regelmäßigen Schlafdauer von weniger als 7 Stunden oder mehr als 8 Stunden eine geringere Lebenserwartung zu haben, als Menschen, die 7—8 Stunden pro Nacht schlafen (17).
Schlafstörungen können die Persönlichkeitsentfaltung und die Erfolgschancen der betroffenen Menschen erheblich beeinträchtigen.
Während bislang die Hyposomnien im öffentlichen Bewußtsein und im Bewußtsein der Ärzte die größere Rolle spielten, rücken jetzt zunehmend auch die Hypersomnien als sozial- und arbeitsmedizinisches Problem ins öffentliche Interesse.

Diagnostische Klassifikation von Schlaf- und Wachstörungen

1979 veröffentlichte die amerikanische „Association of Sleep Disorders Centers (ASDC)“ die erste „Diagnostische Klassifikation von Schlaf- und Wachstörungen“ (Tab. 1).
Innerhalb dieses Klassifikationssystems werden die Störungen in vier große Gruppen mit insgesamt 67 Diagnosen aufgeteilt.

Tab. 1: Die Diagnostische Klassifikation von Schlaf- und Wachstörungen

A) Einschlaf- und Durchschlafstörungen (EDS) (Schlaflosigkeit)

1. *Psychophysiologisch*
   - a) Passager und situationsbedingt
   - b) Anhaltend
2. einhergehend mit *Psychischen Störungen*
   - a) Symptomatische und Persönlichkeitsstörungen
   - b) Affektive Störungen
   - c) Andere Funktionelle Psychosen
3. einhergehend mit *Drogen- und Alkoholgebrauch*
   - a) Toleranz gegen oder Entzug von ZNS-Depressiva
   - b) Ständige Einnahme von ZNS-Stimulantien
   - c) Ständige Einnahme oder Entzug anderer Drogen
   - d) Chronischer Alkoholismus
4. verbunden mit *Schlafinduzierter Atemstörung*
   - a) Schlaf-Apnoe-EDS-Syndrom
   - b) Alveoläres Hypoventilations-EDS-Syndrom
5. einhergehend mit *schlafabhängigem (nächtlichen) Myoklonus und „Restless Legs"-Syndromen*
   - a) Schlafabhängiger (nächtlicher) Myoklonus
   - b) „Restless Legs"
6. verbunden mit *Anderen medizinischen, toxischen und umweltbedingten Zuständen*
7. *EDS mit Beginn in der Kindheit*
8. verbunden mit *Anderen EDS-Zuständen*
   - a) Wiederholte REM-Unterbrechungen
   - b) Atypische polysomnographische Zeichen
   - c) Sonst nicht spezifiziert
9. *Keine EDS-Anomalien*
   - a) Kurzschläfer
   - b) Subjektive EDS-Beschwerden ohne objektiven Befund
   - c) Sonst nicht spezifiziert

B) Störungen mit exzessiver Schläfrigkeit (SES)

1. *Psychophysiologisch*
   - a) Passager und situationsbedingt
   - b) Persistierend
2. verbunden mit *Psychiatrischen Störungen*
   - a) Affektiven Störungen
   - b) Anderen Störungen
3. verbunden mit *Drogen- oder Alkoholgebrauch*
   - a) Toleranz gegen oder Entzug von ZNS-Stimulantien
   - b) Ständige Einnahme von ZNS-Depressiva
4. *Schlafinduzierte Atemstörungen*
   - a) Schlaf-Apnoe-SES-Syndrom
   - b) Alveoläres Hypoventilations-SES-Syndrom
5. verbunden mit *Schlafabhängigem (nächtlichen) Myoklonus und „Restless Legs"-Syndromen*
   - a) Schlafabhängiger (nächtlicher) Moyklonus
   - b) „Restless-Legs"
6. *Narkolepsie*
7. *Idiopathische ZNS-Hypersomnolenz*
8. verbunden mit *anderen medizinischen, toxischen oder umweltbedingten Zuständen*
9. *Andere SES-Zustände*
   - a) Intermittierende (periodische) SES-Syndrome
     - aa) Kleine-Levin-Syndrom
     - aaa) Menstruationsbedingtes Syndrom
   - b) Schlafmangel
   - c) Aufwachstörung (Schlaftrunkenheit)
   - d) Sonst nicht spezifiziert
10. *Keine SES-Anomalie*
    - a) Langschläfer
    - b) Subjektive SES-Beschwerden ohne objektive Befunde
    - c) Sonst nicht spezifiziert

C) Störungen des Schlaf-Wach-Rhythmus

1. *Passager*
   - a) „Jet Lag"-Syndrom (Zeitzonenwechselsyndrom)
   - b) „Schichtwechsel"-Veränderung bei konventionellem Schlaf-Wach-Rhythmus
2. *Anhaltend*
   - a) Häufig wechselnder Schlaf-Wach-Rhythmus
   - b) Verzögertes Schlafphasensyndrom
   - c) Vorgezogenes Schlafphasensyndrom
   - d) Nicht-24-Stunden-Schlaf-Wach-Rhythmus
   - e) Unregelmäßiges Schlaf-Wach-Muster
   - f) Sonst nicht spezifiziert

D) Dysfunktionen in Verbindung mit Schlaf, Schlafstadien oder partiellem Erwachen (Parasomnien)

1. *Schlafwandeln (Somnambulismus)*
2. *Pavor Nocturnus, Incubus*
3. *Schlafabhängige Enuresis*
4. *Sonstige Dysfunktionen*
   - a) Angsttrauma-Anfälle (Alpträume)
   - b) Schlafabhängige epileptische Anfälle
   - c) Schlafabhängiger Bruxismus (Zähneknirschen)
   - d) Schlafabhängiges Kopfwackeln (Jactatio Capitus Nocturnus)
   - e) Familiäre Schlafparalyse (Lähmung)
   - f) Hemmung der penilen Tumeszenz im Schlaf
   - g) Schlafabhängige schmerzhafte Erektionen
   - h) Schlafabhängige Kopfschmerzen und chronische paroxysmale Hemikranie
   - i) Schlafabhängiges pathologisches Schlucksyndrom
   - j) Schlafabhängiges Asthma
   - k) Schlafabhängige kardiovaskuläre Symptome
   - l) Schlafabhängiger Gastro-Oesophagealer Reflux
   - m) Schlafabhängige Hämolyse (Paroxysmale nächtliche Hämoglobinurie)
   - n) Asymptomatische polysomnographische Befunde (muß spezifiziert werden)
   - o) Sonst nicht spezifiziert

Die ersten beiden Gruppen dieser Klassifikation umfassen:
— Ein- und Durchschlafstörungen und
— Erkrankungen mit exzessiver Schläfrigkeit.

Die dritte Gruppe (Störungen des Schlaf-Wach-Rhythmus) ist stärker auf pathophysiologische Ursachen ausgerichtet.

Die letzte Gruppe (Parasomnien) umfaßt Störungen, bei welchen ein pathologisches Phänomen an ein bestimmtes Schlafstadium geknüpft ist.

Eine überarbeitete Version der ASDC-Klassifikation wird demnächst veröffentlicht.

Die neue ASDC-Klassifikation wird drei Hauptgruppen von Schlafstörungen unterscheiden:

1. Dyssomnien (mit den drei Untergruppen)
   — Schlafstörungen „von Innen"
   — Schlafstörungen „von Außen"
   — Störungen des zirkadianen Rhythmus
2. Parasomnien
3. Schlafstörungen assoziiert mit medizinischen oder psychiatrischen Krankheiten.

Zur Zeit existiert noch eine weitere Klassifikation von Schlafstörungen, nämlich die innerhalb des DSM III-R (Diagnostisches und Statistisches Manual Psychischer Störungen-III-Revision) (8).

Sie unterteilt die Schlafstörungen in zwei Hauptgruppen: Dyssomnien und Parasomnien.

Hauptmerkmale der Dyssomnien sind Beeinträchtigungen von Dauer, Qualität und Zeitpunkt des Schlafes. Zu den Dyssomnien gehören drei Gruppen von Störungen: Insomnien, Hypersomnien und Störungen des Schlaf-Wach-Rhythmus.

Hauptmerkmal der Parasomnien ist ein abnormes Ereignis, das entweder während des Schlafes oder an der Schwelle zwischen Wachsein und Schlaf auftritt. Als Hauptbeschwerde wird dieses Ereignis selbst und nicht seine Auswirkungen auf Schlaf oder Wachsein genannt.

Um auch der Bevölkerung die diagnostischen und therapeutischen Fortschritte, die auf dem Gebiet der Schlaf-Wach-Störungen erzielt wurden, zugute kommen zu lassen, wäre es wünschenswert, den niedergelassenen Ärzten ein einheitliches und einfach zu handhabendes Diagnose- und Therapiemanual zur Verfügung zu stellen.

Ein- und Durchschlafstörungen (Schlaflosigkeit)

Schlaflosigkeit ist oft nur ein Symptom eines Symptomenkomplexes und bedarf daher einer gewissenhaften differentialdiagnostischen Abklärung. Nur

so können schlafgestörte Patienten einer gezielten Behandlung zugeführt werden.
Ein- und Durchschlafstörungen sind durch eine unzureichende nächtliche Schlafzeit und/oder Schlafqualität mit erhöhter Tagesmüdigkeit gekennzeichnet. Das Schlafdefizit kommt durch verzögertes Einschlafen, häufiges Aufwachen und vorzeitiges morgendliches Erwachen zustande.
Es werden drei Arten von Hyposomnien unterschieden (12, 26):

1. Primäre oder idiopathische chronische Schlaflosigkeit
   a) Psychophysiologische Schlafstörung
   b) Schlaflosigkeit seit der frühen Kindheit
   c) Subjektive Schlafstörungen ohne objektiven Befund
2. Sekundäre chronische Schlafstörung bedingt durch:
   a) internistische und neurologische Erkrankungen
   (z. B. Kardiopathien, Diabetes, rheumatische Erkrankungen, Hyper- und Hypothyreose, Leber- und Niereninsuffizienz, Hirntumore, Migräne, Morbus Parkinson)
   b) physiologische Ursachen
   (z. B. Zeitzonenwechsel, Lärm, Schichtarbeit, hohes Lebensalter)
   c) psychologische Ursachen
   (z. B. Streß, Prüfungsangst, Verlust eines Angehörigen)
   d) psychiatrische Ursachen
   (z. B. depressive Erkrankungen, Manie, schizophrene Störungen, Neurosen)
   e) medikamentöse Ursachen
   (z. B. Betablocker, Appetitzügler, Zytostatika, α-Methyl-Dopa, Tyrosin, Koffein, Nikotin, Alkohol)
   f) zyklische (periodisch) auftretende Ursachen
   (z. B. endokrine Störungen, Menstruation)
3. Schlaflosigkeit, die einhergeht mit schlafbegleitenden Störungen oder Störungen des Schlaf-Wach-Rhythmus (Schlafapnoe, Narkolepsie, nächtlicher Myoklonus, periodische Bewegungen im Schlaf, Syndrom der verspäteten Schlafphase).

Im folgenden soll etwas näher auf die drei Arten der primären Insomnie und auf die Schlaflosigkeit assoziiert mit schlafbedingten Bewegungen eingegangen werden.
Die wahre Inzidenzrate der *psychophysiologischen Schlaflosigkeit* ist unbekannt, da nicht alle Patienten, die unter ihr leiden, ärztliche Hilfe in Anspruch nehmen. Bei ungefähr 15 % derjenigen Patienten, die wegen ihrer Schlaflosigkeit ein Schlaflabor aufsuchen, wird die Diagnose anhaltende psychophysiologische Schlaflosigkeit gestellt.
Zwei Ursachen werden für die Entstehung der psychophysiologischen Schlaf-

losigkeit angenommen. Zum einen vermutet man bei diesen Patienten eine (angeborene) Schwäche der Schlaf-Wach-Steuerung, die sich insbesondere dann bemerkbar macht, wenn äußere und/oder innere ungünstige Bedingungen vorhanden sind. Zum anderen entsteht gewöhnlich während Streßperioden eine Schlaferwartungsangst, die nach Wegfall der Stressoren bestehen bleibt.
Das Bett, die Schlafzimmerumgebung, schlafvorbereitende Handlungen (z. B. das abendliche Zähneputzen) werden oft mit innerer Erregung assoziiert und können die Schlafbereitschaft reflektorisch vermindern.
Die Diagnose psychophysiologische Schlaflosigkeit soll gestellt werden, wenn folgende klinische (mindestens zwei) und polysomnographische Kriterien erfüllt sind (Tab. 2):

Tab. 2: Psychophysiologische Schlafstörung

Diagnostische Kriterien:	
a) klinisch:	Beginn in einer Streßperiode Angst, nicht einschlafen zu können Einschlafen gelingt — außerhalb des Schlafzimmers — wenn unbeabsichtigt
b) polysomnographisch:	Einschlaflatenz > 30 min. Schlafeffizienz < 85 %

(nach P. Hauri, 1989)

Die psychophysiologische Schlafstörung beginnt also typischerweise in einer Streßperiode, chronifiziert sich dann und bleibt bis zum Ende des Lebens bestehen. Der Prozeß des Einschlafens funktioniert wie alle vegetativen Prozesse am besten, wenn er nicht beachtet wird. Die Patienten, von denen hier die Rede ist, beginnen aber schon tagsüber an das abendliche Einschlafen zu denken. Sie machen sich Sorgen, ob es gelingt, am Abend einzuschlafen, und sie richten damit ihre ganze Aufmerksamkeit auf den Prozeß des Einschlafens. Das ist die sicherste Methode, das Einschlafen zu stören. Je näher die Einschlafzeit heranrückt, um so besorgter werden sie. Wenn sie dann nach dem Zähneputzen und dem Auskleiden „schlaffertig“ im Bett liegen, sind sie psychisch so angespannt, daß das Einschlafen für lange Zeit unmöglich geworden ist.
Typisch für diese Patienten ist, daß sie immer dann einschlafen können, wenn es nicht beabsichtigt ist, z. B. beim Fernsehen oder in Vorträgen, und daß sie überall schlafen können, nur nicht in ihrem eigenen Bett. Es entwickeln sich also bedingte Reflexe, die das Einschlafen zum gewünschten Zeitpunkt und am

gewünschten Ort verhindern. Man spricht deshalb auch von *„learned insomnia“*. Eine Methode, diese abendliche Einschlafhemmung zu überwinden, ist die sogenannte paradoxe Intention: Schlägt man ihnen als Behandlungsmethode vor, sie müßten eine Nacht unbedingt wachbleiben, so schlafen sie unversehens ein.
Neben weiteren verhaltenstherapeutischen Maßnahmen sind Entspannungsverfahren, die Beachtung schlafhygienischer Regeln und auch Hypnotika (zur Durchbrechung des Circulus vitiosus) in die Behandlungsstrategie einzubeziehen.
Bei der *Schlaflosigkeit seit der frühen Kindheit* handelt es sich um eine relativ kleine Gruppe von Patienten. Bei ihnen finden sich meist diskrete neurologische Hinweise (z. B. Aufmerksamkeitsstörungen, Lernschwierigkeiten, atypische EEG-Befunde), die auf eine diskrete frühkindliche Hirnschädigung hinweisen können. Man vermutet daher, daß die Ursache in diskreten neuroanatomischen oder neurochemischen Störungen liegt.
Manche Patienten sprechen auf niedrig dosierte Antidepressiva vom Amitriptylintyp, andere auf Neuroleptika an. Neben der medikamentösen Therapie sind oft psychotherapeutische Maßnahmen und eine gute Schlafhygiene notwendig.
Einige Patienten klagen über Schlafstörungen, obwohl ihr polysomnographisch ermitteltes Schlafprofil nur sehr geringfügige Auffälligkeiten zeigt. Diese Patienten gehören in die dritte Untergruppe der primären Schlaflosigkeit, d. h. zur *subjektiv empfundenen Schlaflosigkeit ohne adäquaten objektiven Befund.*
Abb. 1 zeigt das Schlafprofil eines 54jährigen Patienten, der in unsere Klinik kam und der Überzeugung war, seit Wochen keine Minute mehr geschlafen zu haben und vielleicht überhaupt nie mehr schlafen zu können. Er wurde drei Nächte hindurch im Schlaflabor polysomnographisch untersucht, und das

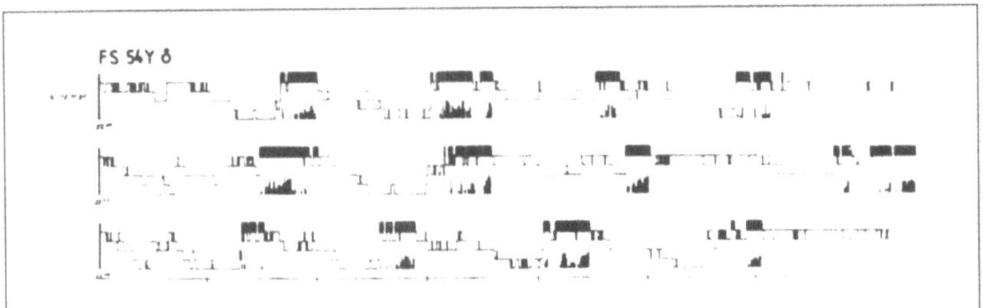

Abb. 1: Schwerste subjektive Schlafstörung ohne adäquaten objektiven Befund

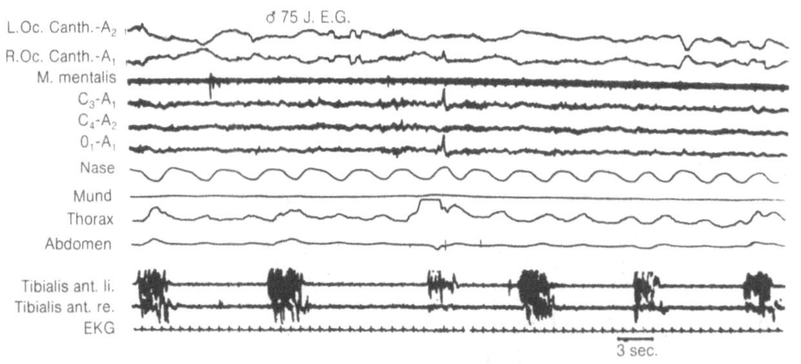

Mit freundlicher Genehmigung der VCH-Verlagsgesellschaft Weinheim, aus: MEIER-EWERT K. Tagesschläfrigkeit, Ursachen, Differentialdiagnose, Therapie. Reihe: Praktische Neurologie, edition medizin VCH: Weinheim 1989.

Abb. 2: Polysomnogramm mit periodischen Kontraktionen der Unterschenkel im Schlaf bei einem 75jährigen Mann.

Ergebnis zeigte eine relativ geringfügige Störung der Schlafprofile, deren Ausmaß in gar keinem Verhältnis zum Ausmaß der subjektiven Beschwerden stand. Bei diesen Patienten ist die subjektive Erholsamkeit des Schlafes, und weniger das Schlafprofil gestört. Diese subjektiv empfundene Erholsamkeit des Schlafes läßt sich mit unseren heutigen EEG-Methoden nicht messen, und es wäre ungerecht und falsch, solche Patienten als Simulanten oder Lügner darzustellen. Wir wissen aus psychologischen Untersuchungen, daß sich das Gefühl des Eingeschlafenseins bei diesen Patienten nur sehr zögernd und später einstellt, als beim normalen Schläfer. Interessanterweise bessert sich diese subjektive Erholsamkeit des Schlafes nach Gabe eines Benzodiazepins, auch wenn sich am Schlafprofil objektiv nicht viel ändert.

Klagen über Ein- und Durchschlafstörungen kommen auch von Patienten mit *periodischen Bewegungen der Unterschenkel im Schlaf* (periodic movements during sleep (PMS), „nocturnal myoclonus"). Es handelt sich um stereotype, repetitive Bewegungen der unteren Extremitäten (Abb. 2).

Nach einer Untersuchung von COLEMAN (6) stellten diese motorischen Phänomene bei 13 % aller Patienten mit chronischer Insomnie den Hauptbefund der polysomnographischen Untersuchung dar. Die Häufigkeit periodischer Bewegungen steigt mit zunehmendem Alter der untersuchten Patienten an.

Oft wissen die Patienten selbst nichts von diesem Phänomen, nur die Bettpartner kennen es. Trotzdem kann es den Schlaf des Betroffenen „zerhacken" und seine Erholsamkeit erheblich beeinträchtigen. Diese periodischen Bewegungen im Schlaf werden häufig durch Einnahme von trizyklischen Antidepressiva und anderen Medikamenten verstärkt. Das Syndrom kann exazerbieren, so daß diese Bewegungen bereits im Wachzustand vor dem Einschlafen auftreten und das Einschlafen verhindern. Es existiert also ein fließender Übergang zum Restless-Legs-Syndrom und dieses kann so quälend sein, daß es — wie bei einem unserer Patienten, einem 73jährigen Mann — zu einem Selbstmordversuch Veranlassung gab.

Periodische Bewegungen können also Schlafstörungen hervorrufen. Sie werden aber auch ihrerseits durch Schlafstörungen induziert. So kann sich ein Circulus vitiosus entwickeln, der den Schlaf immer stärker stört. So lange die tonischen Unterschenkelkontraktionen keine Schlafunterbrechung verursachen, sind sie nicht unbedingt behandlungsbedürftig. Sobald es aber zum periodischen Erwachen kommt, ist eine Behandlung angebracht. Als wirksam haben sich Clonazepam und L-Dopa erwiesen.

Abb. 3 zeigt einen Ausschnitt aus dem Polysomnogramm einer 68jährigen Patientin, bei der die periodischen Bewegungen der Unterschenkel bereits vor dem Einschlafen auftraten. Das EEG zeigt noch einen Alpha-Rhythmus, und man erkennt bereits die typischen tonischen Kontraktionen mit rhythmischem Auftreten.

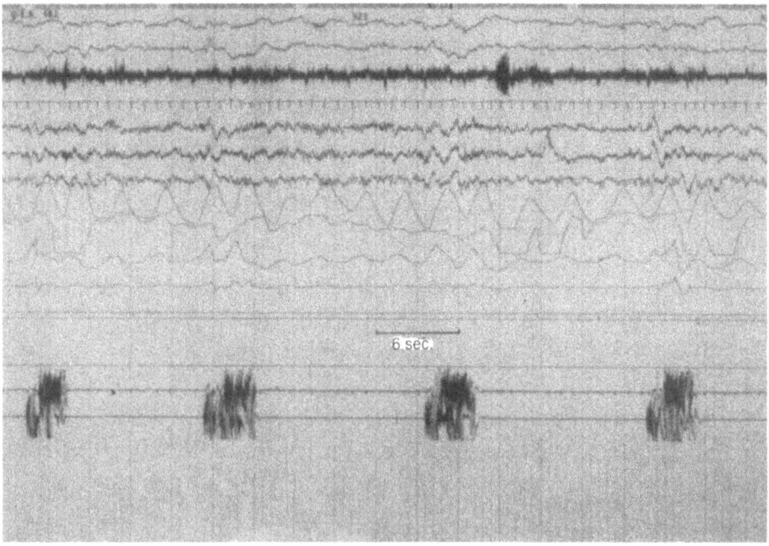

Abb. 3: Polysomnogramm mit periodischen Kontraktionen der Unterschenkel während der Einschlafphase bei einer 68jährigen Patientin

Störungen mit exzessiver Schläfrigkeit

Aus der Gruppe der *Hypersomnien* oder der sogenannten Erkrankungen mit vermehrter Tagesschläfrigkeit sollen das Schlafapnoe-Syndrom und die Narkolepsie eingehender beschrieben werden, da sie die häufigste Ursache für vermehrte Tagesschläfrigkeit sind.
Unter *abnormer Tagesschläfrigkeit* leiden 2,9 bis 4,1 % aller Menschen. Dieses Symptom ist damit etwa zwanzigmal häufiger als die Parkinson-Krankheit und etwa achtmal häufiger als Epilepsie.

Tab. 3: Diagnostische Strategie bei Tagesschläfrigkeit

Frage		Klinische Verdachtsdiagnose
Einnahme von Medikamenten mit sedativer Wirkkomponente (Neuroleptika, Antidepressiva, Tranquilizer, Antihypertonika etc.)	ja →	Medikamentös bedingte Müdigkeit
↓ nein		
Schnarchen mit Aussetzern	→	Schlafapnoe
↓		
Kataplektische Attacken	→	Narkolepsie
↓		
Morgendliche Schlaftrunkenheit	→	NREM- oder symptomatische Hypersomnie
↓		
Schlafperioden mit freien Intervallen von Monaten oder Jahren	→	Episodische Hypersomnie, evtl. Kleine-Levin
↓		
Schädelhirntrauma Enzephalitis	→	Symptomatische Hypersomnie
↓		
Schichtarbeit oder häufige Interkontinentalflüge	→	Chronische Störung des Schlaf-Wach-Rhythmus
↓		
Stimulanzienabusus	→	Medikamentenabhängigkeit
↓		
Grübelsucht, Schwarzseherei	→	Depression mit Rückzugstendenz und vermehrter Schlafneigung
↓		
„Enuresis“ Blut und Speichel im Bett	→	Nächtliche Krampfanfälle

Mit freundlicher Genehmigung des Hallwag Verlages, Bern, aus: MEYER-EWERT 1988.

Abnorme Tagesschläfrigkeit wird diagnostiziert, wenn drei Kriterien erfüllt sind (23):

1. Subjektive Klagen während eines Zeitraums von mindestens drei Wochen über tägliche Schwierigkeiten, den Wachzustand aufrechtzuerhalten.
2. Klinische Bestätigung von Einnicken während des Tages durch Beobachtung oder Angaben im Schlaftagebuch.
3. Polysomnographische Bestätigung verkürzter Schlaflatenzen.

Für die Verdachtsdiagnose sind die Kriterien 1 und 2 notwendig, die definitive Diagnose erfordert das Kriterium 3.
Mit Hilfe einer gezielten anamnestischen Befragung kann der erfahrene Arzt beim Patienten mit Tagesschläfrigkeit in 90 % der Fälle eine klinische Verdachtsdiagnose stellen, dem weniger erfahrenen soll Tab. 3 eine Hilfestellung bieten.

Das Schlafapnoe-Syndrom

Man schätzt, daß in den westlichen Industrieländern 1 — 5 % der Bevölkerung an einem Schlafapnoe-Syndrom leiden (14, 20). Epidemiologische Untersuchungen der Marburger Arbeitsgruppe von v. WICHERT et al. weisen auf eine Prävalenz von 10 % in der 50 — 59 Jahre alten männlichen Bevölkerung hin (27). Frauen, vor allem vor der Menopause, sind sehr viel seltener betroffen.
Es finden sich signifikante Korrelationen zwischen erhöhter Schlafapnoeaktivität und Herzinsuffizienz, Herzrhythmusstörungen, essentieller und pulmonaler Hypertonie. Die Häufigkeit der Schlafapnoe-Syndrome nimmt mit dem Alter zu und erreicht ihre höchsten Werte in der Altersgruppe zwischen 50 und 70 Jahren (7).
Eine Apnoe ist definiert als eine mindestens 10 Sekunden dauernde Unterbrechung des Atemgasflusses an Mund und Nase.
Nach der klassischen Definition wird ein Schlafapnoe-Syndrom diagnostiziert, wenn während einer siebenstündigen polysomnographischen Nachtableitung mindestens 30 Apnoephasen mit einer Dauer von mehr als 10 Sekunden in REM- und NREM-Schlaf auftreten (10, 23).

Es lassen sich drei verschiedene Formen von Apnoe unterscheiden:

1. Obstruktive Apnoe
Bei der obstruktiven Apnoe kommt es durch Kollaps der oberen Atemwege zum Sistieren des Atemgasflusses bei fortgesetzten Atemexkursionen von Thorax und Abdomen, die jedoch paradox, d. h. gegensinnig verlaufen.

Tab. 4: Klinische Leitsymptome des obstruktiven Schlaf-Apnoe-Syndroms

— vermehrte Tagesschläfrigkeit
— starkes Schnarchen mit Atempausen
— Nachlassen der geistigen Leistungsfähigkeit
— nächtliches Erwachen mit Erstickungsgefühl und Herzrasen
— Patient erwacht morgens zerschlagen und müde

Tab.: 5: Internistische Befunde bei fortgeschrittenen obstruktiven Schlaf-Apnoe-Syndromen

— Übergewicht
— arterieller Hypertonus
— Polyglobulie
— pulmonaler Hypertonus
— Herzerweiterung
— schlafabhängige Herzrhythmusstörungen (z. B. Asystolien (> 3 sec), Sinusarrhythmie (30 Schläge/min), Bradykardie)

2. *Zentrale Apnoe*
   Die zentrale Apnoe (auch Zwerchfellapnoe) ist ein Atemstillstand bei offenen Atemwegen. Während der zentralen Apnoe fehlt jede Form von Atembewegung, und der Atemgasfluß sistiert.

3. *Gemischte Apnoe*
   Die gemischte Apnoe besteht aus einer zentralen Apnoe, gefolgt von einer obstruktiven. Während des obstruktiven Teils zeigen die frustranen Abdomen- und Thoraxexkursionen ansteigende Amplituden.

Führendes Symptom des Schlafapnoe-Syndroms ist die vermehrte Tagesschläfrigkeit mit häufigem Einschlafen bei monotonen Tätigkeiten. Tab. 4 gibt einen Überblick über die klinische Symptomatik.
In fast allen Fällen berichtet der Bettpartner über starkes nächtliches Schnarchen mit längeren Atempausen. Die Patienten selbst klagen über ein Nachlassen ihrer geistigen Leistungsfähigkeit und berichten über nächtliches Erwachen mit Erstickungsgefühl und Herzrasen. Desweiteren wird über rasches abendliches Einschlafen, unruhigen und wenig erholsamen Schlaf sowie über morgendliche Anlaufschwierigkeiten geklagt.
Sehr viele Patienten haben erhebliches Übergewicht. Besteht das Schlafapnoe-Syndrom über mehrere Jahre, so stellen sich als Folgen ein arterieller Hyper-

tonus, Polyglobulie, pulmonaler Hypertonus und schließlich auch nächtliche Herzrhythmusstörungen ein.
Tab. 5 faßt die internistischen Befunde bei fortgeschrittenem Schlafapnoe-Syndrom zusammen.

Bei jedem Hypertonus unklarer Genese sollte man ein Schlafapnoe-Syndrom als mögliche Ursache ausschließen.
Die polysomnographische Ableitung des Nachtschlafes zeigt eine schwerwiegende Störung der Schlafzyklen mit häufigem Schlafstadienwechsel. Die Länge der Apnoephasen kann sich im REM-Schlaf gegenüber der Länge im NREM-Schlaf auf das Dreifache erhöhen (Abb. 4).
Bei diesem Patienten steigt die Dauer von durchschnittlich 50 Sekunden im NREM-Schlaf auf 150 Sekunden im REM-Schlaf an. Dies ist eine Folge der Hypotonie der Pharynxmuskulatur, die für den REM-Schlaf charakteristisch ist.
Während der Apnoephasen sinken der partielle O_2-Druck im Gewebe und die O_2-Sättigung des Hämoglobins ab. Dabei kommt es zu einer zeitlichen Verschiebung zwischen Apnoephase und O_2-Entsättigung. Die niedrigsten

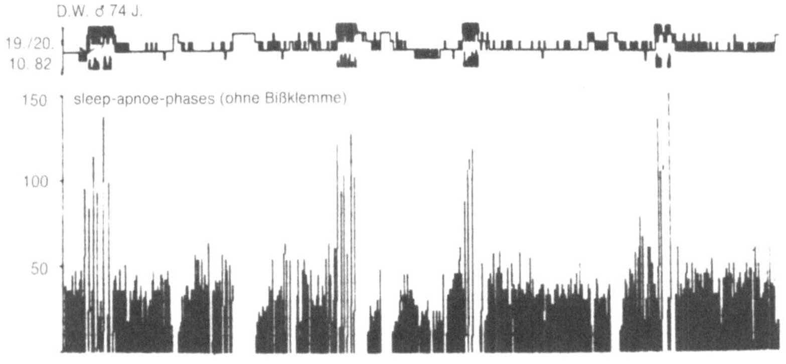

Mit freundlicher Genehmigung der VCH-Verlagsgesellschaft Weinheim, aus: Meier-Ewert K. Tagesschläfrigkeit, Ursachen, Differentialdiagnose, Therapie. Reihe: Praktische Neurologie, edition medizin VCH; Weinheim 1989.

Abb. 4: Schlafprofil eines 74jährigen Patienten mit obstruktivem Schlafapnoesyndrom. Unter dem (gestörten) Schlafprofil ist die Länge der Apnoephasen in Form vertikaler Striche aufgetragen. Während der 4 dargestellten REM-Phasen verlängern sich die Apnoephasen jeweils bis auf das Dreifache ihrer Durchschnittslänge im NREM-Schlaf.

O_2-Werte treten erst auf, wenn der Patient bereits wieder zu atmen begonnen hat.
Bei zahlreichen Schlafapnoe-Patienten finden sich zusätzliche schlafabhängige periodische Bewegungen der Unterschenkel.
Schlafapnoe-Syndrome mit ausschließlichen *zentralen Apnoephasen* sind sehr

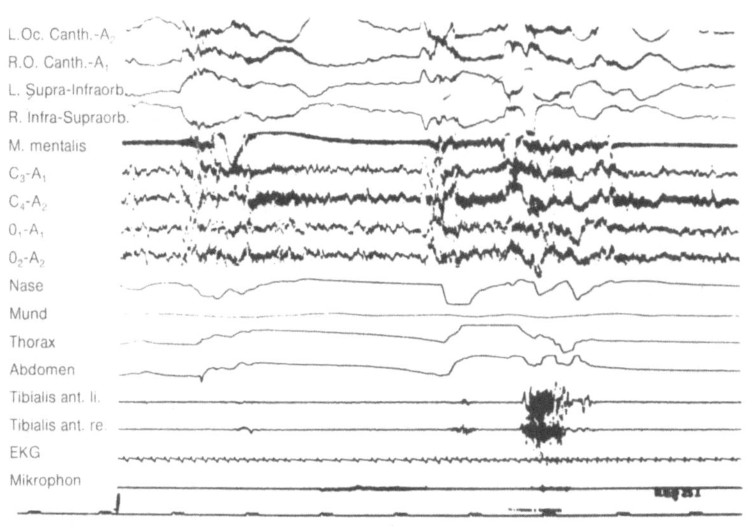

Abb. 5: Exspiratorische Apnoe. Die 25jährige Patientin gibt im NREM-Schlaf dauernd gepreßte Stöhnlaute von sich. Die Dehnungsfühler an Thorax und Abdomen zeigen kurz nach Beginn des abgebildeten Kurvenausschnitts einen Volumenanstieg, dem ein langgestreckter allmählicher Volumenabfall folgt. Gegen Ende dieses Abfalls registriert das Mikrophon den gepreßten Stöhnlaut. Das EKG zeigt während der Apnoe eine Bradykardie mit kompensatorischer Tachykardie nach beendeter Apnoe. Nach dem Ende dieser exspiratorischen Apnoe atmet die Patientin ein, die Volumina von Thorax und Abdomen vergrößern sich, dabei kommt es zu kurzer Aktivierung beider Mm. tibiales. Derartige Apnoephasen treten im NREM-Schlaf dieser Patienten mit kurzen Intervallen in längeren Folgen auf.

selten. In ihrem klinischen Bild überwiegt die Klage über nächtliche Schlaflosigkeit. Die Tagesschläfrigkeit ist meist geringfügig und wird von den Betroffenen kaum bemerkt.
Während 99,9 % aller Apnoephasen mit dem Einsetzen einer Inspiration beginnen, kommt es in seltenen Fällen zu exspiratorischen Apnoephasen, deren Beginn mit dem der Exspiration zusammenfällt. Derartige *„breath holding attacks“* finden sich bei geistig gesunden und behinderten Kindern und kommen sehr selten auch bei Erwachsenen vor.

Ein Fall sei hier kurz geschildert: Eine 25jährige Frau stellte sich in unserer Klinik vor, weil sich ihr Verlobter darüber beklagte, daß sie Nacht für Nacht beim Ausatmen ein singendes, mehr oder weniger gepreßtes Stöhnen von sich gab, welches seinen Schlaf störte. Die Patientin selbst nahm dieses Stöhnen nicht wahr. Unter Streßbelastung nahm die Frequenz dieses Stöhnens zu. Seit der Kindheit bestand ein unruhiger Schlaf mit Bruxismus, unregelmäßiger Atmung und „Herumschleudern“ der Extremitäten. Zur Familienanamnese wurde berichtet, die Mutter der Patientin, eine ältere Schwester der Patientin und eine Tochter der Schwester der Mutter litten ebenfalls unter dem gleichen „nächtlichen Stöhnen“. In der Polysomnographie fanden sich fragmentierte REM-Phasen mit häufiger Unterbrechung durch ein NREM-Stadium I. Während dieser NREM-I-Stadien kam es regelmäßig zu teilweise sehr lautem, gepreßtem Stöhnen, welches jeweils mit Beginn der Exspiration einsetzte. Die Dehnungsfühler an Thorax und Abdomen zeigten während des Stöhnens einen flachen Abfall (Abb. 5), der an der Nase weniger ausgeprägt registriert wurde. Diese exspiratorischen Apnoe- bzw. Hypopnoephasen wurden von einer Sinustachykardie mit Frequenzen bis zu 105/min begleitet. Der O_2-Partialdruck im Gewebe zeigte während dieser Apnoe- bzw. Hypopnoephasen keinen Abfall.

Ein nicht behandeltes Schlafapnoe-Syndrom führt langfristig zu schwerwiegenden gesundheitlichen Beeinträchtigungen, und oftmals steht bereits die Frage der Berufsunfähigkeit zur Diskussion.
Zur Therapie der Schlafapnoe-Syndrome stehen mehrere Methoden zur Verfügung. Einen Überblick zeigt Tab. 6 (24).
Insbesondere Gewichtsreduktion, Verzicht auf Schlaf- und Beruhigungsmittel und Alkohol- und Nikotinkarenz haben sich in der Prävention des Schlafapnoe-Syndroms bewährt.
1969 beschrieben KUHLO et al. die erfolgreiche Behandlung eines Pickwick-Syndroms mittels *Tracheotomie* (18). Obwohl diese Maßnahme, zumindest bei richtig selektierten Patienten, die Symptomatik des obstruktiven Schlafapnoe-Syndroms fast vollständig behebt, wird sie heute nur noch bei lebensbedrohlicher Ausprägung eines Schlaf-Apnoe-Syndroms empfohlen. Insbesondere bei adipösen Patienten ist die Tracheotomie mit speziellen technischen Schwierigkeiten und Komplikationen verbunden.
1980 wurde in Japan von FUJITA die *Uvulopalatopharyngoplastik* beschrieben (9), die heute an verschiedenen Zentren durchgeführt wird. Bei dieser operati-

Tab. 6: Therapie des obstruktiven Schlaf-Apnoe-Syndroms

Allgemein-maßnahmen	Mechanische Methoden	Medika-mentös	Operative Beseitigung von Stenosen
Gewichtsreduktion	Esmarch-Prothese	Euphyllin	in der Nase
Schlaf in Bauchlage	Continuous positive airway pressure (CPAP)	Protryptiline	an den Gaumenbögen am Kehlkopfdeckel
Vermeiden von – Alkohol – Nikotin – Schlafmitteln – Schlaf in Höhen über 1000 m ü. NN	Expiratory positive airway pressure (EPAP)		Vorverlagerung der Mandibula Tracheotomie

Mit freundlicher Genehmigung des Springer Verlags Heidelberg, aus: MEIER-EWERT K, 1987 (24).

ven Maßnahme werden Fett- und Bindegewebe im Bereich des Oropharynx entfernt. Außerdem wird die Uvula geteilt oder entfernt. Die Erfolgsraten schwanken zwischen 30 — 60 %. Als unangenehme Nebenwirkungen können bei dieser Methode Schluckstörungen und Stimmveränderungen auftreten.

Methode der ersten Wahl ist heute die *nasale CPAP-Therapie* (Continuous positive airway pressure) (SULLIVAN et al., 1981, 31). Hierbei wird mit nasal appliziertem, kontinuierlich positivem Atemwegsdruck ein Kollabieren der pharyngealen Atemwege verhindert. Mit dieser Methode gelingt es nicht nur, die Atemregulationsstörungen selbst zu beseitigen, sondern auch ihre Folgeerscheinungen wie Hypertonus, pulmonale Hypertonie und Arrhythmie.

1984 haben MEIER-EWERT et al. eine prothetische Behandlungsmethode entwickelt (25). Diese sogenannte *Esmarch-Prothese* verlagert den Unterkiefer um 3 — 5 mm nach ventral, verhindert auf diese Weise nachts das Zurückfallen des Zugengrundes und hält dadurch die Atemwege offen. Die Prothese muß von einem Zahnarzt nach den individuellen dentalen Gegebenheiten angefertigt und angepaßt werden. Abb. 6 zeigt die Schlafprofile eines 60jährigen Patienten ohne und mit Esmarch-Prothese.

Bisher wurden über 200 Patienten mit dieser Methode behandelt, in 40 % der Fälle wurde die Zahl der nächtlichen Apnoephasen um 90 — 100 % vermindert, in weiteren 30 % lag der Erfolg zwischen 30 — 90 % und beim letzten Drittel unter 30 %. In den meisten Fällen konnte gleichzeitig das Schnarchen vermindert oder behoben werden.

Da im REM-Schlaf die längsten Apnoephasen mit der stärksten Vermin-

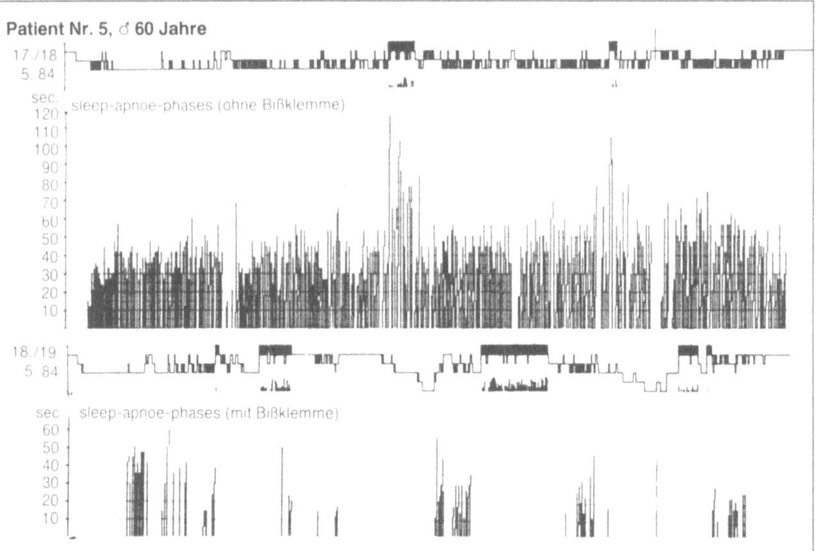

Mit freundlicher Genehmigung der VCH-Verlagsgesellschaft Weinheim, aus: Meier-Ewert K. Tagesschläfrigkeit, Ursachen, Differentialdiagnose, Therapie. Reihe: Praktische Neurologie, edition medizin VCH; Weinheim 1989.

Abb. 6: Schlafprofile eines 60jährigen Patienten ohne und mit Esmarch-Prothese. In der Nacht ohne Prothese ist das Schlafprofil des Patienten (obere Kurve) charakterisiert durch fehlenden Tiefschlaf, verminderte Anzahl von REM-Phasen und stark erhöhte Anzahl der Schlafstadienwechsel. Unter dem Schlafprofil sind die Apnoephase durch vertikale Striche dargestellt. Ihre Länge erhöht sich jeweils während der REM-Phasen. In der folgenden Nacht benutzt der Patient seine Esmarch-Prothese. Das Schlafprofil verbessert sich, es zeigt wieder Tiefschlaf, vermehrte REM-Menge, und die Zahl der Schlafstadienwechsel hat sich vermindert. Die Anzahl der obstruktiven Apnoephasen (dargestellt durch vertikale Striche unter dem 2. Schlafprofil) hat sich wesentlich verringert.

derung des O_2-Sättigungsgrades auftreten, hat man REM-Schlaf-unterdrückende Substanzen (z. B. trizyklische Antidepressiva) in der Therapie von Schlafapnoe-Syndromen einzusetzen versucht. Jedoch werden die Therapieerfolge mit trizyklischen Antidepressiva sowie der medikamentösen Behandlung mit anderen Substanzen (z. B. Medroxyprogesteron, Theophyllin, Dopaminagonisten) heute insgesamt als mäßig angesehen.

Tab. 7: Kardinalsymptome der Narkolepsie

NREM/REM Schlafattacken
Kataplektische Anfälle
Hypnagoge Halluzinationen
Schlaflähmung
Automatisches Verhalten
Gestörter Nachtschlaf

Tab. 8: Diagnostische Labor-Untersuchungen bei Narkolepsie

1. Polysomnographie: Sleep onset REM
2. Multipler Schlaf-Latenz-Test: verkürzte Einschlaf-Latenz
3. Vigilanztest (Quatember und Maly): Kontinuierliche Zunahme von Reaktionszeit und Fehlerzahl im Laufe des Tests
4. HLA DR-2: Positiv (human leucocyte antigen)

Narkolepsien

Die Narkolepsie ist nach dem Schlafapnoe-Syndrom die zweithäufigste Ursache für das Auftreten vermehrter Tagesschläfrigkeit. Die Schätzungen zur Erkrankungshäufigkeit schwanken zwischen 0,025 und 0,06 % (16, 30).
Die klinische Diagnose einer Narkolepsie wird gestellt, wenn der Patient folgende Kriterien erfüllt (23):
— Beinahe tägliches Auftreten von Einschlafattacken über einen Zeitraum von mindestens 6 Monaten.
— Nachweis von kataplektischen Attacken in der Anamnese des Patienten.
Dabei wird die kataplektische Attacke nach Honda definiert als „plötzlicher bilateraler Tonusverlust ausgelöst durch unerwartete starke Gemütsbewegung, wie z. B. Lachen, Stolz, Ärger oder Überraschung, ohne starke Schläfrigkeit und ohne Bewußtseinsverlust" (13). Die übrigen Kardinalsymptome (Tab. 7) sind zur Diagnose nicht zwingend notwendig. Das klinische Vollbild findet sich nur bei 10 bis 15 % der Patienten. Die klinische Narkolepsiediagnose sollte durch diagnostische Laboruntersuchungen bestätigt werden (Tab. 8).
Immunologische Untersuchungen zeigen, daß sich bei klinischer Narkolepsie in ca. 99,5 % der Fälle der HLA-Faktor DR2DQwl findet. In der Bevölkerung der Bundesrepublik ist er in ca. 25 % positiv.
Das klinische Bild der idiopathischen Narkolepsie zeigt einen Verlauf mit

Vorstadium	Frühstadium	Abortives Bild	Vollbild
○ →	○ →	○ →	○
		Typ NREM-REM	Typ REM-NREM
		Kernformen	
Symptome:			
NREM-Einschlafneigung in monotonen Situationen Kein Sleep onset REM Keine Verkürzung der REM-Latenz Diagnose: Hypersomnie ungeklärter Ätiologie	NREM-Einschlafattacken I Sleep onset REM oder stark verkürzte REM-Latenz	NREM-Einschlafattacken I gelegentlich Kataplexien Automatisches Handeln evtl. gelegentl. hypnagoge Halluzinationen und/oder Schlaflähmung	Ausgeprägte Neigung zu Kataplexien und NREM/REM-Einschlafattacken, hypnagoge Halluzinationen Schwere Störung der Vigilanz und des Nachtschlafs fragmentierte REM-Perioden

Mit freundlicher Genehmigung der VCH-Verlagsgesellschaft Weinheim, aus: Meier-Ewert K. Tagesschläfrigkeit, Ursachen, Differentialdiagnose, Therapie. Reihe: Praktische Neurologie, edition medizin VCH: Weinheim 1989.

Abb. 7: Entwicklungsstadien der idiopathischen Narkolepsie

geringfügigen Variationen der Symptomatik (Abb. 7). Intensität und Häufigkeit kataplektischer Attacken nehmen bei den meisten Patienten im Laufe des Lebens ab.

Narkoleptische Einschlafattacke

Sie wird definiert als „physiologischer NREM- oder REM-Schlaf, der anfallsweise zur Unzeit auftritt". Aus der Schlafattacke ist der Patient jederzeit erweckbar. Diese prompte Erweckbarkeit ist ein wesentliches diagnostisches Kriterium für die narkoleptische Einschlafattacke. Sie fehlt gewöhnlich bei Formen vorübergehender Bewußtseinseinschränkung, bei welchen es sich nicht um physiologischen Schlaf handelt (z. B. Ohnmachtsanfälle, epileptische Absencen, hypoglykämische Zustände).

Kataplexie (affektiver Tonusverlust)

Das klinische Bild des Tonusverlustes ist sehr variabel. Bei einer abortiven Attacke sinken lediglich die Mundwinkel etwas herab, die Gesichtszüge erschlaffen, dann gelingt es dem Patienten seiner Bewegung Herr zu werden und alles ist vorbei. In ausgeprägteren Fällen fallen die Arme herab, der Kopf sinkt vornüber und der Patient kann aussehen wie in einer akuten myasthenischen Attacke. Er fällt unter Umständen vom Stuhl oder er sinkt aus dem Stand

zu Boden und kann sich dabei auch verletzen. Normalerweise dauert die Attacke nicht länger als 2 Minuten. Dann steht der Patient wieder auf als ob nichts gewesen wäre. Das Phänomen der Kataplexie ist pathognomonisch für die Narkolepsie. Kataplexie-ähnliche Attacken sind lediglich bei der sehr seltenen Niemann-Pick'schen-Krankheit beschrieben worden.
Typische Auslösesituationen von Kataplexien zeigt Tab. 9.

Hypnagoge Halluzinationen

Hierunter versteht man im Zusammenhang mit Schlaf auftretende Sinnestäuschungen.
Es handelt sich um die Traumwahrnehmungen des REM-Schlafes, welche beim Gesunden nur im Zusammenhang mit allen anderen Bestandteilen des REM-Schlafes auftreten, beim Narkolepsie-Patienten aber auch isoliert im NREM-Schlaf und sogar im Wachzustand vorkommen. Hypnagoge Halluzinationen sind überwiegend visueller Natur und treten meist beim abendlichen Einschlafen auf. Sie kommen aber auch tagsüber vor.

Schlaflähmung

Sie wird als „Lähmungszustand, den der Patient in wachem Zustand erlebt" definiert. Es handelt sich um die Hypotonie des REM-Schlafes, die beim Gesunden nur im Zusammenhang mit den übrigen Bestandteilen des REM-Schlafes auftritt, beim Narkolepsie-Patienten aber als isoliertes Symptom auch im NREM-Schlaf vorkommt.

Tab. 9: Auslösende Reize für kataplektische Attacken nach Angaben von 47 Patienten.

Lachen	39 Patienten
Angst, Wut	29 Patienten
Anhören von Witzen	15 Patienten
Gekitzelt werden	14 Patienten
Ausführen plötzlicher Bewegungen	10 Patienten
Geschlechtsverkehr	5 Patienten
Husten, Niesen	4 Patienten
Rührung	3 Patienten
künstliches Lachen	1 Patient
ohne erkennbaren Anlaß	4 Patienten

Mit freundlicher Genehmigung des Springer Verlages Heidelberg, aus: MEIER-EWERT K. et al. Nervenarzt 1975, 46: 624–635.

Die Betroffenen sind nicht in der Lage, sich zu rühren, zu rufen oder ein Wort herauszubringen. Sie bemühen sich verzweifelt, ihre Umgebung auf ihren Zustand aufmerksam zu machen.

Automatisches Handeln

Darunter versteht man „unsinnige Handlungen, die im Halbschlaf ausgeführt werden". Automatisches Handeln kommt sowohl bei Narkolepsie-Kataplexie als auch bei Hypersomnien (11) vor.
Wenn Narkolepsie-Patienten ermüden, ohne die Möglichkeit zu haben, sich hinzulegen, laufen sie Gefahr, ihre Tätigkeit in einer Art Halbschlaf automatisch fortzuführen und dabei schwerwiegende Fehler zu begehen. Bei zunehmender Müdigkeit kann das motorische System offenbar noch funktionieren, wenn die mentale Differenzierungsfähigkeit bereits erheblich eingeschränkt ist. THARP fand das Syndrom der Verhaltensautomation bei 58 % seiner 93 Narkolepsie-Patienten. Nach unserer Erfahrung ist es eher noch häufiger. Die Wahrscheinlichkeit seines Auftretens ist am größten bei monotonen Tätigkeiten, die auch halbautomatisch fortgeführt werden können (Autofahren, Schreiben, Rechnen, Konversation).

Störungen des Nachtschlafes

Eine Störung des Nachtschlafes ist bei den Narkolepsien so häufig, daß sie zu den Kardinalsymptomen dieser Erkrankung zählt. Typische Symptome der narkoleptischen Schlafstörung zeigt Tab. 10. Charakteristisch für die narkoleptische Schlafstörung ist, daß die Aufwachtendenz der Patienten alle zwei Stunden ein Maximum erreicht (4).

Tab. 10: Typische Symptome der narkoleptischen Schlafstörung

1. Verfrühtes Einschlafen
2. Verfrühtes Auftreten der ersten REM-Schlafperiode
3. Häufiges Erwachen
4. Vermehrter Wechsel der Schlafstadien
5. Veränderungen von REM-Schlaf und NREM-Schlafstadien
6. Vermehrte Körperbewegungen

Mit freundlicher Genehmigung der VCH-Verlagsgesellschaft Weinheim, aus: MEIER-EWERT K. Tagesschläfrigkeit, Ursachen, Differentialdiagnose, Therapie. Reihe: Praktische Neurologie, edition medizin VCH; Weinheim 1989.

Nichtmedikamentöse Therapie

Da alle medikamentösen Behandlungsformen mit Nebenwirkungen belastet sind und ihre Wirksamkeit im Laufe der Zeit nachläßt, kommt den nichtmedikamentösen Maßnahmen eine außerordentliche Bedeutung zu. Bei mäßig ausgeprägter Schwere des Krankheitsbildes gelingt es sogar gelegentlich, durch geschickte Anwendung nichtmedikamentöser Maßnahmen, Arzneimittel ganz zu vermeiden.
Die nichtmedikamentösen Empfehlungen gliedern sich in drei Bereiche:
1. Umgang mit Nahrungs- und Genußmitteln
2. Umgang mit der Zeit
3. Umgang mit Emotionen

— *Umgang mit Nahrungs- und Genußmitteln*
Da Übergewicht im allgemeinen und reichliche Mahlzeiten im besonderen die Einschlafneigung verstärken, sollten Narkolepsie-Patienten ihr Übergewicht abbauen und über den Tag verteilt mehrere kleine Mahlzeiten zu sich nehmen. Die Tagesschläfrigkeit beeinflussende Nahrungs- und Genußmittel (z. B. Alkohol, Nikotin, Milchprodukte) sollten gemieden oder vor dem Schlafengehen genossen werden.

— *Umgang mit der Zeit*
Berufe mit unregelmäßigen Schlafzeiten (z. B. Schichtarbeit) sollten nicht ausgeübt werden. Neben dem regelmäßigen Mittagsschlaf sollten weitere individuell notwendige Ruhepausen eingelegt werden. Auf ausreichenden Nachtschlaf ist unbedingt zu achten.

— *Umgang mit Emotionen*
Viele Narkoleptiker kennen die für sie typischen Situationen, die Kataplexien auslösen. Gelingt es ihnen, die Auslöser zu unterdrücken, werden sie weniger unter kataplektischen Attacken leiden. In Kauf zu nehmen ist allerdings eine gewisse Verarmung des Gefühlslebens.

Medikamentöse Therapie

Die medikamentöse Therapie verfolgt drei Ziele:

1. *Behandlung der Tagesschläfrigkeit*
   (Einschlafattacken, Dauerschläfrigkeit, automatisches Verhalten)
   Um das Ausmaß Tagesschläfrigkeit beurteilen zu können, empfiehlt es sich, einen Vigilanztest durchzuführen (23). Ist die Tagesschläfrigkeit gering aus-

geprägt, können Medikamente mit milder vigilanzsteigernder Wirkung ausreichend sein. Hierzu zählen: *Nootropika* (z. B. Encephabol®, Helfergin®, Nootrop®), *Appetitzügler* (z. B. AN 1®, Fenproporex®, Reactivan®), *Antiparkinsonmittel* (z. B. Contenton®, PK-Merz®, Madopar®, Nacom®) und *Ephedrin.*
Bei stark ausgeprägter Tagesschläfrigkeit wird man zu Stimulantien mit starker vigilanzsteigernder Wirkung greifen. Zu diesen Gruppen zählen die *Weckamine* (Teronac®, Tradon®, Captagon® [BtmG)], Pervitin® [BtmG]).

2. *Behandlung der Tonusverlustanfälle*
   (Kataplexie, Schlaflähmung, hypnagoge Halluzinationen)
   Hier kommen in erster Linie tri- und tetrazyklische Antidepressiva zum Einsatz, da sie eine REM-Schlaf-unterdrückende Wirkung haben (z. B. Vivalan®, Anafranil®). Wegen seiner stärkeren REM-Suppression kommt auch der Monoaminooxidase-Hemmer Tranylcypromin (Parnate®) in Frage.

3. *Behandlung des gestörten Nachtschlafes*
   Seit einigen Jahren wird Gamma-Hydroxybuttersäure in der Narkolepsie-Behandlung angewandt. Diese Substanz bahnt den REM-Schlaf bei gleichzeitiger quantitativer Vermehrung der Tiefschlafphasen. Man erhofft sich dabei, daß sich der „REM-Druck" auf den Nachtschlaf konzentriert und von den Wachperioden abgelenkt wird.
   Als Alternative können Benzodiazepine verwendet werden, und zwar solche, die die einzelnen REM-Perioden möglichst wenig beeinträchtigen und nicht zu Überhangeffekten (vermehrte Tagesschläfrigkeit) am nächsten Tag führen (19).

Beim Absetzen von Stimulantien und Benzodiazepinen können Rebound-Effekte auftreten (Rebound-Schläfrigkeit bzw. Rebound-Schlaflosigkeit). Beide Therapien sollten daher ausschleichend beendet werden.

An dieser Stelle sei auf die Deutsche Narkolepsie-Gesellschaft (DNG) hingewiesen. Die DNG ist eine Selbsthilfevereinigung von Betroffenen und Angehörigen von Narkolepsie-Kranken, die sich in Zusammenarbeit mit erfahrenen Ärzten gegenseitig helfen, besser mit den Problemen der Krankheit fertig zu werden. Ihre Anschrift ist im Anhang aufgeführt.

Parasomnien

Zu den Parasomnien zählen Ereignisse wie Somnambulismus (Schlafwandeln), Pavor nocturnus (Incubus), Alpträume, Schlaf-Paralyse, Enuresis (Bettnässen), Bruxismus (Zähneknirschen) und andere mehr (vgl. Tab. 1).

Tab. 11: REM-Parasomnie (SCHENCK et al. 1986)

Diagnostische Kriterien: 1. Anamnestische Angaben über motorische Entäußerungen im Schlaf 2. Vermehrtes Auftreten phasischer REM-twitches in der Mundboden- und Extremitätenmuskulatur 3. Fehlende Muskelatonie im REM-Schlaf

Hier soll kurz auf die sogenannte *REM-Parasomnie* eingegangen werden (29). Sie ist zwar nicht die häufigste Schlafverhaltensstörung, aber eine der interessantesten, die wir seit kurzem kennen. Sie tritt vorwiegend bei Männern in der zweiten Lebenshälfte auf.
Die diagnostischen Kriterien zeigt Tab. 11. Prodromi dieser Erkrankung sind Somniloquie (Sprechen im Schlaf) und Schreien im Schlaf. Beide Erscheinungen können dem voll ausgeprägten Krankheitsbild mehr als zwei Jahrzehnte vorausgehen. Führendes klinisches Symptom sind Verletzungen, die sich selbst oder anderen im Schlaf zugefügt werden. Diese Menschen agieren ihre Träume aus. Wenn sie im Traum z. B. mit Ungeheuern kämpfen, dann schlagen sie tatsächlich zu, treffen aber in Wirklichkeit die Türfüllung des Schlafzimmerschrankes oder den neben ihnen liegenden Bettpartner.
Polysomnographische Untersuchungen zeigen, daß die beim Gesunden im REM-Schlaf vorliegende Muskelatonie bei diesen Patienten unvollständig ist. Die Ursache, die diese unvollständige oder fehlende REM-Schlaf-Atonie bewirkt, ist bisher nicht bekannt.
Vor Jahren stellte sich ein Handelsvertreter in unserer Klinik vor, der aus beruflichen Gründen häufig in Hotels übernachten mußte und der sich als Vorsichtsmaßregel angewöhnt hatte, sich jeden Abend im Bett anzuschnallen, denn es war ihm schon häufig passiert, daß er im Traum das Mobiliar des Hotelzimmers zerstört hatte.
Viele Patienten sprechen auf eine Behandlung mit Clonazepam an. Besserungen wurden auch mit Antiepileptika (Carbamazepin, Phenytoin) erzielt.

Schlußbemerkungen

Wenn Ärzte und Patienten von Schlafstörungen sprechen, denken sie meist an den nachts wachliegenden Menschen. Hier sollte dargestellt werden, daß Schlafstörungen in Wirklichkeit eine ganze Skala von Phänomenen umfassen, die vom nächtlichen Aufschrecken bis zum heftigen Umsichschlagen im Traum und bis zu nächtlichen Atemstillständen reichen.

Zur Differentialdiagnose und Therapie all dieser Phänomene sind zwei Dinge erforderlich:

1. Ärzte mit speziellen Erfahrungen und Kenntnissen auf dem Gebiet der „Sleep Disorder Medicine" und
2. ein ordentlich ausgerüstetes Schlaflabor.

In der Bundesrepublik Deutschland gibt es zur Zeit ungefähr 40 Schlafambulanzen bzw. Schlaflaboratorien mit der Möglichkeit der polysomnographischen Schlafdiagnostik (siehe Anhang).

Literatur

1 Adam K, Tomeny M, Oswald I. Physiological and psychological differences between good and poor sleepers. J psychiat Res 1986, 20: 301—316.

2 ASDC (Association of Sleep Disorders Centers). Diagnostic classification of sleep and arousal disorders. Sleep 1979, 2: 1—137.

3 Bixler E, Kales A, Soldatos C, Kales JD, Healey S. Prevalence of sleep disorders in the Los Angeles metropolitan area. Am J Psychiat 1979, 136: 1257—1262.

4 Bixler EO, Kales A, Vela-Bueno A, Russell A. Drozdiak RA, Jacobi JA, Manfredi RL. Narcolepsy-cataplexy. III. Nocturnal sleep and wakefulness patterns. Int J Neurosci 1986, 29: 305—316.

5 Carskadon MA, Dement WC, Mittler MM, Guilleminault C, Zarcone VP, Spiegel R. Self-reports versus sleep laboratory findings in 122 drug-free subjects with complaints of chronic insomnia. Am J Psychiat 1976; 133: 1382—1388.

6 Coleman RM. Periodic movement in sleep (nocturnal myoclonus) and restless legs syndrome. In: Guilleminault C (Hrsg). Sleeping and waking disorders. Butter worth: London 1982, 225—295.

7 Coleman RM, Miles LE, Guilleminault C, Zarcone VP, Van Den Hoed J, Dement WC. Sleep-wake disorders in the elderly: a polysomnographic analysis. J Am Geriatr Soc 1981, 29: 289—296.

8 Diagnostisches und Statistisches Manual Psychischer Störungen. DSM-III-R. Beltz-Verlag: Weinheim, Basel 1989, 363—382.

9 Fujita S, Zorick F, Conway W, Roth T, Hartse KM, Piccione PM. Uvulopalatopharyngoplasty: a new surgical treatment for upper airway sleep apnea (Abstr.) Sleep Res 1980, 9: 197.

10 Guilleminault C, Eldridge F, Simmon FB, Dement WC. Sleep apnea syndrome. Can it induce hemodynamic changes? West J Med 1975, 123: 7—16.

11 Guilleminault C, Philips R, Dement WC. A syndrome of hypersomnia with automatic behaviour. Electroencephalogr Clin Neurophysiol 1975, 38: 403—413.

12 Hauri P. Primary insomnia. In: Kryger MH, Roth T, Dement WC (Hrsg). Principles and practice of sleep medicine. W. B. Sounders Company 1989, 442—447.

13 Honda Y. Significance of HLA typing for the diagnosis of narcolepsy. In: Aizawa M, Tatsri T, Wakiaka A, Konoeda Y (Hrsg). Proceedings of the III. Asia Oceania Histocompatibility Workshop. Hokkaido University Press: Sapporo 1986.

14 Kapuniai LE, Andrew DJ, Crowell DH, Pearce JW. Estimated prevalence of sleep apnea in adults based on self report survey apnea scores. (Abstr.) Sleep Res 1985, 14: 175.

15 Karacan I, Thornby JI, Anch M, Holzner CE, Warheit GJ, Schwabb JJ, Williams RL. Prevalence of sleep disorders in a primarily urban Florida county. Soc Sci Med 1976, 10: 239—244.
16 Krieger J. Les syndromes d'apnées du sommeil de l'adulte (sleep apnea syndromes in adults). Bull Eur Physiopathol Respir 1986, 22: 147—189.
17 Kripke DF, Ancoli-Israel S, Mason M, Messin S. Sleep related mortality and morbidity in the aged. In: Chase MH, Weitzman ED (Hrsg). Sleep disorders: basic and clinical research. Spectrum: New York 1983, 415—444.
18 Kuhlo W, Doll E, Franck MC. Erfolgreiche Behandlung eines Pickwick-Syndroms durch eine Dauertrachealkanüle. Dtsch Med Wochenschr 1969, 94: 1286—1290.
19 Kubicki ST, Haag-Wüsthof C, Röhmel J, Herrmann WM, Scheuler W. Der Einfluß von Lormetazepam, Triazolam und Flunitrazepam auf die schnellen Augenbewegungen, K-Komplexe und Schlafspindeln gesunder Probanden. Z. EEG-EMG 1987, 18: 61—67.
20 Lavie P. Incidence of sleep apnea in a presumably healthy working population: a significant relationship with excessive daytime sleepiness. Sleep 1983, 6: 312—318.
21 Lugaresi E, Cirignotta F, Zucconi M, Mondini S, Lenzi PL, Coccagna G. Good and poor sleepers: An epidemiological survey of the San Marino population. In: Guilleminault C, Lugaresi E (Hrsg). Sleep/wake disorders: Natural history, epidemiology and long-term evolution. Raven Press: New York 1983, 1—12.
22 McGhie A, Russell SM. The subjective assessment of normal sleep pattern. J Ment Sci 1962, 8: 642—654.
23 Meier-Ewert K. Tagesschläfrigkeit. VCH Verlagsgesellschaft: Weinheim 1989.
24 Meier-Ewert K. Narkolepsien und Schlafapnoe-Syndrome. In: Hippius H, Rüther E, Schmaus M (Hrsg). Schlaf-Wach-Funktionen. Springer Verlag: Berlin-Heidelberg-New York 1987, 91—102.
25 Meier-Ewert K, Schäfer H, Kloss W. Treatment of sleep apnea by a mandibula-protracting device (Abstr.) 7th European Sleep Congress, München 1984.
26 Parkes JD. Sleep and its disorders. W. B. Sounders Company 1985, 243—263.
27 Peter JH, Siegrist J, Podszus T, Mayer J, Selzer K, v. Wichert P. Prevalence of sleep apnea in healthy industrial workers. Klin Wschr 1985, 53: 807.
28 Piel E. Schlafschwierigkeiten und soziale Persönlichkeit. In: Faust V (Hrsg). Schlafstörungen: Häufigkeit — Ursachen — Schlafmittel — nichtmedikamentöse Schlafhilfen. Hippokrates Verlag: Stuttgart 1985, 14—26.
29 Schenck C, Bundlie S, Patterson A et al. Rapid eye movement sleep behavior disorder: A treatable parasomnia affecting older adults. JAMA 1987, 257: 1786—1789.
30 Seignalet J. HLA et narcolepsie. Pathol Biol 1986, 34: 741—746.
31 Sullivan CE, Berthon-Jones M, Issa SG, Eves L. Reversal of obstructive sleep apnea by continuous airway pressure applied through the nares. Lancet 1981, 1: 862—865.

Diskussion Meier-Ewert

Frage:
Sie haben die zur Zeit bestehenden Klassifikationen von Schlaf-Wach-Störungen und die in Vorbereitung befindliche Klassifikation erwähnt, welche von diesen würden Sie dem niedergelassenen Arzt empfehlen?

Meier-Ewert:
Je nachdem, unter welchem Gesichtspunkt man die Schlaf-Wach-Störungen betrachtet, lassen sich verschiedene Klassifikationen aufstellen. Die zur Zeit verwendeten Systeme dienen vorwiegend dazu, epidemiologische Fragestellungen zu klären und diagnostische und therapeutische Entscheidungen zu vereinheitlichen. Niedergelassenen Ärzten würde ich empfehlen, sich im wesentlichen an die in Tabelle 1 wiedergegebene Klassifikation zu halten.

Frage:
Wie verhält es sich mit den Schlafstörungen ohne objektiven Befund? Ist es wirklich so, daß diese immer ohne objektiven Befund sind oder ist es nicht so, daß wir zu wenig Parameter in die Beurteilung einbeziehen. Es gibt z. B. Hinweise von Frau ADAM aus Edinburgh, daß sich durch Berücksichtigung der Körpertemperatur oder endokriner Parameter sehr wohl objektive Befunde ermitteln lassen, diese aber im Schlafpolysomnogramm nicht routinemäßig erfaßt werden.

Meier-Ewert:
Es läßt sich in der Tat keineswegs ausschließen, daß diesen Störungen doch objektive Befunde zugrundeliegen, die wir mit unseren bisherigen Methoden nicht erfassen. Deshalb muß man sich hier sehr vorsichtig ausdrücken und sollte diesen Patienten nicht unrecht tun, indem man sie als Simulanten oder Hypochonder abqualifiziert.

Frage:
Ich habe eine praktische Frage, und zwar im Zusammenhang mit Schlafstörungen, die mit dem „Restless-legs-Syndrom", periodischen Bewegungen der Unterschenkel im Schlaf und dem Babinski-Reflex einhergehen. Sie hatten ausgeführt, daß Sie bei diesen Patienten mit L-Dopa gute Therapieerfolge erzielen. Kann man davon ausgehen, daß Sie annehmen, daß diese Störungen dann überwiegend zentraler Genese sind und daß Bewegungsstörungen auf peripherer Grundlage kaum vorkommen, oder gibt es da eine Trennungslinie?

Meier-Ewert:
Verschiedene Beobachtungen lassen vermuten, daß das „Restless-legs-

Syndrom" (RLS) und die periodischen Bewegungen der Unterschenkel (PMS) zwei klinische Manifestationen der gleichen Störung im Zentralnervensystem sind. Therapeutische Erfolge mit dem Morphinantagonisten Naloxon und mit L-Dopa haben zu neuen neuropharmakologischen Hypothesen bezüglich der Pathophysiologie der PMS und RLS geführt.
Vor kurzem konnte eine gegenseitige Beeinflussung des Dopaminrezeptoren- und Opiatrezeptorensystems in verschiedenen Arealen des Zentralnervensystems einschließlich Basalganglien, Hirnstamm und Rückenmark gezeigt werden. Es bedarf weiterer Untersuchungen, um die Frage zu klären, ob diese Neurotransmitter an der Entstehung des RLS und der PMS beteiligt sind.
Insbesondere bei älteren Patienten, die nicht auf Benzodiazepine reagieren, sollte eine L-Dopa-Therapie in Betracht gezogen werden.

Frage:
Was ist aus der Sicht des Schlafforschers zum nächtlichen Zähneknirschen zu sagen?

Meier-Ewert:
Das nächtliche Zähneknirschen — der Bruxismus — zählt zu den Parasomnien. Die klinische Diagnose „Bruxismus" wird am besten durch Befragung des Bettpartners gestellt. Diese berichten von sich wiederholenden lauten knirschenden Geräuschen, die von den Zähnen des Betroffenen herrühren. Das nächtliche Zähneknirschen tritt vermehrt in Zeiten besonderer psychischer Belastungen und Spannungen auf. Therapeutisch sind Benzodiazepine wegen ihrer anxiolytischen und muskelrelaxierenden Wirkung in Erwähnung zu ziehen. Oftmals lassen sich auch psychotherapeutische Verfahren erfolgreich einsetzen. Kieferorthopädische Maßnahmen, z. B. der Einsatz einer Gaumenplatte, beseitigen nicht den Bruxismus, verhindern aber Schäden an den Zähnen.

Frage:
Wann sollte ein Patient in ein Schlaflabor überwiesen werden?

Meier-Ewert:
Bei Patienten, die wegen einer hartnäckigen Ein- und Durchschlafstörung oder wegen abnormer Tagesschläfrigkeit unter Leidensdruck stehen, ist meines Erachtens eine polysomnographische Diagnostik begründet.
Bei den Ein- und Durchschlafstörungen sollten periodische Bewegungen der Beine („nächtlicher Myoklonus") bzw. ein Restless-legs-Syndrom ausgeschlossen werden, bei abnormer Tagesschläfrigkeit dagegen ein Schlaf-Apnoe-Syndrom oder eine Narkolepsie.

Der Stellenwert der in der Behandlung von Schlafstörungen verwendeten Hypnotika

G. A. E. Rudolf

Die Behandlung von Schlafstörungen ist keinesfalls eine alleinige Domäne der Pharmakotherapie. Diese apodiktisch klingende Feststellung muß hier vorangestellt werden. Würde man sich allein an die im Hauptteil folgenden Ausführungen zur Therapie der Schlafstörungen halten, bestände die Gefahr, daß die Behandlung der Schlafstörungen mit der Verordnung eines geeigneten Schlafmittels gleichgesetzt würde — eine weit verbreitete Praxis, die verändert werden muß.

Diagnostik und nichtmedikamentöse Therapie

Es sei daher noch einmal in einer kurzen Übersicht das systematische, *diagnostische Vorgehen* zusammengefaßt, bevor man eine dem aktuellen Stand der klinischen Forschung entsprechende Behandlung von Schlafstörungen beginnen sollte (Tab. 1 und Tab. 2).
Nach den Ergebnissen dieser Untersuchungen kann man die Schlafstörungen einem bestimmten Typus zuordnen. Die Phänomenologie der Schlafstörungen ist in Tab. 3 zusammengestellt. Eine an den Ursachen orientierte diagnostische Einteilung der Hyposomnien — und allein um deren medikamentöse Behandlung geht es in den nachfolgenden Ausführungen — findet sich in Tab. 4.
Der Begriff der Schlafstörung umfaßt aber, wie in dem Beitrag von Meier-Ewert (s. S. 20ff) deutlich wird, nicht nur die Hyposomnien. Dort ist eine differenzierte diagnostische Klassifikation aller Schlafstörungen dargestellt. Wünschenswert wäre eine Orientierung an dieser Einteilung, jedoch ist für eine gezielte Therapie — und damit für den Patienten — schon viel gewonnen, wenn sich der Arzt im alltäglichen Praxisbetrieb nach den vereinfachten Schemata der Tab. 3 und Tab. 4 richten würde.
Vor einer Therapie mit Hypnotika müssen alle Möglichkeiten einer nichtmedikamentösen Therapie der Schlafstörungen ausgeschöpft worden sein. Eine grobe Übersicht über das, was getan werden kann, ist der Tab. 5 zu entnehmen. Es sind also, beginnt man eine medikamentöse Behandlung der Schlafstörungen, zuvor eine ganze Reihe diagnostischer und therapeutischer Maßnahmen zu ergreifen, und nur für den Fall, daß diese keine therapeutische Wirkung zeigen, sind pharmakotherapeutische Maßnahmen indiziert.

Tab. 1: Diagnostisches Vorgehen bei Schlafstörungen (Schema)

Nach Schilderung der Beschwerden durch den Patienten: 1. Erhebung der *Vorgeschichte* (u.a. Schlaf- und Medikamenten-Anamnese!) 2. allgemein-körperliche und neurologische *Untersuchung*, nötigenfalls Laboruntersuchungen u.a. 3. differenzierende *Diagnose* der vorliegenden Schlafstörung

Tab. 2: Untersuchungen bei schlafgestörten Patienten

Fragen zur Anamnese:	— „normale" tägliche Schlafdauer — Dauer der aktuellen Schlafstörung — Bedeutung der Schlafstörung im Erleben des Patienten — Art des Umganges mit früheren Schlafstörungen — Art der Schlafstörung — Lebensgewohnheiten des Patienten — Lebenssituation des Patienten
Körperliche Untersuchung:	— allgemein-körperliche Untersuchung — (neurologische Untersuchung) — labortechnische Untersuchungen — EKG, EEG, CCT u.a.

Tab. 3: Phänomenologische Einteilung der Schlafstörungen

Hyposomnien:	1. Einschlafstörungen 2. Durchschlafstörungen 3. Aufwachstörungen (frühes Erwachen) oder die Kombination von 1., 2. und/oder 3. 4. völlige Schlaflosigkeit (extrem selten!)
Hypersomnien	
Störungen des Schlaf-Wach-Rhythmus	
Dyssomnien (Parasomnien)	

Tab. 4: Einteilung der Hyposomnien nach den Ursachen

1. Funktionelle Schlafstörungen — exogen bedingt — psychoreaktiv bedingt
2. Organisch bedingte Schlafstörungen
3. Schlafstörungen bei Psychosen und anderen schweren seelischen Erkrankungen

Tab. 5: Nichtmedikamentöse Therapie der Schlafstörungen

Im ärztlichen Gespräch: – Aufklärung und Beratung über physiologische Schlafphänomene, Schlafdauer und Schlafbedarf – psychotherapeutische Führung im weitesten Sinn, Anleitung zu aktiver Mitarbeit – gemeinsame Beseitigung exogener, organischer, psychischer oder psychosozialer Störfaktoren – Aufklärung über nichtmedikamentöse Schlafhilfen, z. B. Entspannungsverfahren (Autogenes Training u.a.), Sport, physikalische Therapie, Aufbau von sog. Einschlafritualen usw. Bei schweren neurotisch-reaktiven seelischen Störungen Einleitung oder Veranlassung einer systematischen Psychotherapie

Das dargestellte schematische Vorgehen gilt in erster Linie für die Behandlung *akuter Schlafstörungen.*
Die Behandlung *chronischer Schlafstörungen* sollte in den Ansätzen ähnlich erfolgen. Hier ist der behandelnde Arzt aber in hohem Maße darüber hinaus gefordert: Er muß den Patienten von der Notwendigkeit des Abbaus des in der Regel vorliegenden Schlafmittelmißbrauchs überzeugen, therapeutische Alternativen entwickeln und immer wieder motivieren; das heißt, den Patienten in dieser schwierigen Behandlungsphase begleiten und versuchen, ihn nicht resignieren und in sein altes Abususverhalten zurückfallen zu lassen.

Die alten Schlafmittel

Der Schlaf als Teil menschlichen Lebens und Erlebens ist offensichtlich schon seit Urzeiten gestört gewesen. Seitdem es eine überlieferte Geschichte gibt, ist auch von schlafbringenden Drogen und Hypnotika (6) berichtet worden. Das wohl älteste „Schlafmittel", der Alkohol, wird heute bekanntlich immer noch verwendet. Andere Substanzen dagegen sind aus der therapeutischen Praxis verschwunden, andere leider noch nicht. Es gab und gibt an den alten Substanzen viel auszusetzen. Deshalb war man stets darum bemüht, bessere, d. h. wirksamere, und sicherere Medikamente zu entwickeln, die letztlich allein den Schlaf positiv beeinflussen und den Patienten nicht noch zusätzlich durch ein großes Spektrum unerwünschter Arzneimittelwirkungen (Nebenwirkungen) gefährden sollten.
Auch heute noch ist man auf der Suche nach dem *idealen Schlafmittel.*
Auf ein Medikament, das den in Tab. 6 dargestellten Anforderungen an ein ideales Schlafmittel auch nur annähernd entspricht, werden wir noch lange warten müssen. Gleichzeitig aber muß festgestellt werden, daß die heute als

Tab. 6: Anforderungen an ein ideales Schlafmittel

- sicherer und rascher Wirkungseintritt
- keine Beeinträchtigung der physiologischen Schlafvorgänge
- keine metabolischen Belastungen
- kein Wirkungsverlust
- keine Toleranzentwicklung
- keine Kumulation
- kein Hang-over
- keine Rebound-Phänomene
- keine Nebenwirkungen
- keine Toxizität
- keine Interaktionen mit anderen Arzneimitteln
- kein Abhängigkeitspotential

Hypnotika verwendeten Pharmaka wesentlich besser sind als früher verordnete Substanzen. Wir befinden uns also auf einem richtigen Weg. Die Leistungskraft und die kreative Phantasie der psychopharmakologischen Forschung wird in der Zukunft auch an der Weiterentwicklung der Hypnotika gemessen werden können.

Die *„alten Schlafmittel“* (Tab. 7), von denen trotz der bekannten therapeutischen Nachteile auch heute noch viele Verwendung finden, müssen aus gewichtigen Gründen für die moderne Behandlung von Schlafstörungen abgelehnt

Tab. 7: „Alte“ Schlafmittel (Auswahl)

Alkohol, Opium	
Bromsalze	Kaliumbromid (1826)
Alkohole, Aldehyde	Chloralhydrat (1869), Paraldehyd (1882)
Barbiturate	Barbital (1903), Phenobarbital (1912)
Bromureide	Bromisoval (1905), Carbromal (1910)
Antihistaminika, Anticholinergika	Diphenhydramin (1938), Etodroxizin (1959)
Piperidindione	Pyrithyldion (1949), Methyprylon (1955), Thalidomid (1957)
Glykolderivat	Meprobamat (1955)
Chinazolinonderivat	Methaqualon (1958)

Tab. 8: Nebenwirkungen der alten Hypnotika (kumulative Übersicht)

- hohe akute und chronische Toxizität
- schwere Leber- und Nierenschäden
- massive Veränderungen physiologischer Schlafabläufe
- starke Suchtgefährdung
- Kumulationsgefahr
- Enzyminduktion
- Toleranzentwicklung
- Arzneimittelinteraktionen
- Blutbildveränderungen
- allergische Reaktionen
- Bromismus (Bromsalze, Bromureide)
- Teratogenität (Thalidomid)
- Muskelerschlaffung (Meprobamat)
- Psychosenprovokation (Anticholinergika)

werden. Die zum Teil höchst bedrohlichen Nebenwirkungen sind in Tab. 8 zusammengestellt.

Die Zahl und das Ausmaß der Nebenwirkungen ist erschreckend: Vom Bromismus bis hin zu schweren organtoxischen Veränderungen und Teratogenität und der süchtigen Fehlentwicklung. Die große Zahl der Intoxikationen und der Mißbrauch dieser Substanzen, in der Regel im Rahmen einer Polytoxikomanie, führte über die Verschreibungspflichtigkeit bis hin zu noch strengeren staatlich angeordneten Anwendungsbeschränkungen im Rahmen des Betäubungsmittelgesetzes. Methaqualon wurde z. B. 1981 der Betäubungsmittelverschreibungsordnung unterstellt.

Zusammenfassend muß festgehalten werden, daß die sogenannten alten Schlafmittel zwar vorübergehend Schlaf herbeiführen können, nach einer Nutzen-Risiko-Analyse jedoch von ihrer Anwendung abgeraten werden muß. Das Patientenwohl ist mittel- und langfristig dadurch gefährdet.

Die Benzodiazepin-Hypnotika

1960 wurde mit dem Chlordiazepoxid das erste Benzodiazepin-Präparat auf den Markt gebracht. Es folgten weitere Substanzen und mit dem Nitrazepam im Jahre 1965 das erste Benzodiazepin, das wegen seiner raschen schlafanbahnenden Wirkung als Schlafmittel im engeren Sinn verwendet wurde. Eine Reihe weiterer Substanzen aus der Gruppe der Benzodiazepine folgten, zum Beispiel Triazolam und Lormetazepam (1980) und zuletzt das Brotizolam im Jahre 1985.

Tab. 9: Der Vergleich von Barbituraten und Benzodiazepinen

Barbiturate („schlafzwingend")	Benzodiazepine („schlafbahnend")
dosisabhängige Wirkung (Sedation → Schlaf → Narkose → Koma → Tod)	auch in hohen Dosen keine Wirkung im Sinne einer Narkose
diffuse Hemmung zerebraler Funktionen	Verstärkung physiologischer Hemmmechanismen im GABA-System des Hirnstoffwechsels
massive Veränderungen der Schlafarchitektur des EEG mit starker Unterdrückung von REM-Schlaf	relativ geringe Beeinflussung des REM-Schlafes
starke Einflüsse auf autonome Funktionen: Kreislauf, Atmung u.a.	autonome Funktionen werden praktisch nicht beeinflußt; Dysfunktionen werden eher reduziert
Enzyminduktion mit Wirkungsverlust und starken Interaktionen mit anderen Arzneimitteln	bei kurzzeitiger Therapie mit therapeutischen Dosen kaum Einfluß i.S. einer Enzyminduktion
hohe Toxizität (Suizid!)	geringe Toxizität
hohes Risiko für Abhängigkeitsentwicklung	deutlich geringeres Abhängigkeitspotential

Diese *Benzodiazepin-Hypnotika* verdrängten die älteren Substanzen weitgehend, so daß heute von den Benzodiazepin-Hypnotika als den Schlafmitteln der ersten Wahl auszugehen ist.
Zweifellos sind die Benzodiazepin-Hypnotika noch keine Substanzen, die den Anforderungen entsprechen, wie sie an ein ideales Schlafmittel gestellt werden, doch sind sie im Vergleich zu den älteren Präparaten solche, die den Idealvorstellungen von einem Schlafmittel letztlich aber einen wesentlichen Schritt näher gekommen sind.
Ein Vergleich der Benzodiazepin-Hypnotika mit den *Barbiturat-Schlafmitteln* kann das deutlich machen (Tab. 9):
Aus dieser Übersicht ist zu erkennen, daß die Benzodiazepin-Hypnotika den Barbituraten weitgehend überlegen sind und es heute nicht mehr zu vertreten ist, Barbiturat-Schlafmittel zu verordnen, von anderen älteren Substanzen ganz zu schweigen.
Dennoch sind die Benzodiazepin-Hypnotika keine Substanzen, die man seinen Patienten unbesorgt und kritiklos verordnen kann. Auch für sie gibt es Kontraindikationen, vor allem gibt es unerwünschte Effekte, die eine reflektierende Verordnung notwendig machen. In Tab. 10 sind die möglicherweise auftretenden Probleme zusammengefaßt.

Tab. 10: Probleme bei der Behandlung mit Benzodiazepinen

— (Über-)Sedierung	Tagessedierung „Hangover“
— Rebound-Phänomene	Rebound-Angst Rebound-Schlaflosigkeit
— Toleranzentwicklung	
— Abhängigkeitsentwicklung	
— Amnesien	

So ist einmal zu bedenken, daß die Benzodiazepin-Hypnotika auch diejenigen Wirkungen zeigen, die allen Benzodiazepinen zueigen sind. Diese haben sedativ-hypnogene, anxiolytische, antikonvulsive und muskelrelaxierende Wirkungen. Offenbar tritt die anxiolytische Wirkung schon bei relativ geringer Besetzung der Benzodiazepin-Rezeptoren im Zentralnervensystem auf, mit steigender Rezeptorbesetzung ergibt sich die antikonvulsive Wirkung, dann der hypnogene Effekt, zuletzt die Muskelrelaxierung (7).
Einerseits, so kann grob gesagt werden, ist die Frage, welchen Effekt man erreichen will und kann, eine Frage der Dosierung des jeweiligen Benzodiazepins.

Tab. 11: Strukturspezifische Einflüsse auf das pharmakologische Wirkungsprofil von Benzodiazepin-Hypnotika

Die *Struktur* (Art, Zahl und Bindungsort der Substituenten an unterschiedlichen Grundgerüsten) hat Einfluß auf:

Physikalisch-chemische Eigenschaften:	— Rezeptoraffinität Ki (Dosis) — Lipophilie (Verteilungskoeffizient)
Biotransformation:	— Phase I und/oder Phase II Abbaureaktion
Pharmakokinetik:	— Resorptions- bzw. Absorptionsgeschwindigkeit — Verteilungsgeschwindigkeit — Eliminationsgeschwindigkeit (Halbwertzeit) — Clearance
Pharmakodynamik:	— Einfluß auf EEG-Parameter (REM-Unterdrückung, -Rebound) — Ausprägung der Hangover- und Rebound-Effekte — Beeinflussung psychomotorischer Leistungen — Amnestische Effekte — Beeinträchtigung des Kurz- und Langzeitgedächtnisses — Toleranzentwicklung — Abhängigkeitspotential

(modifiziert nach ENGFER)

Auf der anderen Seite haben die einzelnen Benzodiazepine, bedingt durch ihre unterschiedliche *chemische Struktur* und die daraus abzuleitende und variierende *Pharmakokinetik und -dynamik* auch unterschiedliche pharmakologische Wirkungsprofile (Tab. 11). D. h., auch bei der Anwendung der Benzodiazepine sind die pharmakologischen Wirkeigenschaften der jeweiligen Substanz so einzusetzen, daß sie das Symptom beeinflussen, welches verändert bzw. beseitigt werden soll. Kurz gesagt bedeutet das: Das *klinische Wirkungsprofil* des Pharmakons muß bei optimaler Therapie möglichst exakt zu den Zielsymptomen, also zu den von den Patienten vorgetragenen Beschwerden passen. Alle darüber hinausgehenden Wirkungen werden per definitionem als unerwünschte Wirkungen (Nebenwirkungen) angesehen.
Bei der Verordnung von Benzodiazepin-Hypnotika ist daher an folgendes zu denken:
Von zentraler praktischer Bedeutung für die Behandlung von Schlafstörungen ist die *Wirkungsdauer der Benzodiazepin-Hypnotika.* Ein Anhaltspunkt für diese ist die sogenannte *Eliminationshalbwertzeit.* Sie ist bei den jeweiligen Substanzen unterschiedlich (Tab. 12).

Tab. 12: Eliminationshalbwertzeiten von Benzodiazepin-Hypnotika

Substanz (Handelsnamen)	$T_{1/2}$ in Std. (aktive Metabolite)	
		sehr langsam ↓
Flurazepam (Dalmadorm u.a.)	<2 (1; 40–95)	
Nitrazepam (Mogadan u.a.)	20–50 (?)	
Flunitrazepam (Rohypnol)	10–25 (20–30)	
Lormetazepam (Noctamid)	9–15 (–)	
Temazepam (Planum, Remestan)	6–16 (–)	
Brotizolam (Lendormin)	4–8 (9,5)	
Triazolam (Halcion)	2–4 (3–8)	
Midazolam (Dormicum)	1–3 (1)	sehr schnell

(modifiziert nach Klotz 1985)

Das heißt, die Substanzen mit extrem kurzer Eliminationshalbwertzeit werden z. B. in der zweiten Nachthälfte kaum noch wirken, die mit mittellanger Eliminationshalbwertzeit werden bei einer Wirkungsdauer von 8 — 10 Stunden gerade die Nacht über wirken, die mit langer Eliminationshalbwertzeit werden ihre Wirkung auch noch am folgenden Tag zeigen.
Es ist nun zu fragen, welche Auswirkungen das für den einzelnen Patienten haben kann. Sind sie erwünscht oder unerwünscht, im letztgenannten Fall dann als Effekte anzusehen, die man als Nebenwirkungen bezeichnet. Zu lange wirkende Präparate können zu einer nicht erwünschten Tagessedierung führen (Tab. 13). Andererseits kann für bestimmte Patienten ein anxiolytischer oder sedierender Effekt am Folgetag erwünscht sein.
Zu kurz wirkende Präparate vermögen schnell *Reboundphänomene* zu provozieren (Tab. 14), insbesondere dann, wenn diese über längere Zeit regelmäßig eingenommen werden. Es ist aber auch denkbar, daß zum Beispiel akut funktionell Einschlafgestörte für kurze Zeit nur ein sehr kurz wirkendes Präparat benötigen, um dann für den Rest der Nacht „aus eigener Kraft" weiterschlafen zu können.
Aus den vorangegangenen Überlegungen ist abzuleiten, daß es sinnvoll ist, sich über das richtige Präparat für den jeweiligen Patienten Gedanken zu machen.

Tab. 13: Folgen der zu langen Wirkung von Hypnotika

Überhangeffekt Hangover Residualwirkung Tagesrestwirkung	
↓	Fortdauer der therapeutischen bzw. pharmakologischen Wirkung über den gewünschten Zeitpunkt hinaus
Anxiolyse (evtl. erwünscht) Sedierung (unerwünscht):	— Müdigkeit — Konzentrationsschwäche — Verschlechterung der intellektuellen und motorischen Leistungen — verminderte Verkehrstauglichkeit — Kumulation des Wirkstoffes bei wiederholter Einnahme — späte unerwartete Wechselwirkung (Wirkungsverstärkung) mit Alkohol
(modifiziert nach ENGFER)	

Tab. 14: Mögliche Nebenwirkungen der extrem kurz wirkenden Hypnotika

Rebound-Schlaflosigkeit
Rebound-Angst

↓

Rebound bedeutet eine Verschlechterung der zu behandelnden Symptomatik (im Vergleich zur Ausgangssymptomatik) während der Behandlungszeit bzw. nach abruptem oder zu schnellem Beenden der Therapie

— Einsetzen der Reboundphänomene schon während der Behandlung
— Morgendliche Schlafstörungen
— Gesteigerte Ängstlichkeit
— Unruhe, Kopfschmerz, Sehstörungen, Halluzinationen
— Förderung des Entzugsvermeidungsverhaltens

(modifiziert nach Engfer)

Hier wird deutlich, wie wichtig es ist, einmal die einzelnen Hypnotika, die eingesetzt werden sollen, hinsichtlich ihrer Wirkungsprofile ausreichend zu kennen, und zum anderen eine differenzierte Diagnostik der jeweiligen Art der Schlafstörung durchzuführen.
Für die überwiegende Zahl der schlafgestörten Patienten, die mit Benzodiazepinhypnotika behandelt werden sollen, eignen sich am besten die Präparate mit einer mittellangen Eliminationshalbwertzeit, weil die oben dargestellten Probleme bei diesen Substanzen am geringsten ausgeprägt sind (8).

Zur Suchtproblematik bei der Anwendung von Benzodiazepinen

Es ist bekannt, daß auch die Benzodiazepin-Hypnotika nach längerer Zeit, das heißt wochenlangem Gebrauch, in ihrer Wirksamkeit nachlassen, also eine gewisse *Toleranz*entwicklung zu beobachten ist. Das gilt auch trotz der gelegentlichen Beobachtung, daß manche Patienten über Monate und Jahre mit einer ausgesprochen niedrigen Dosis eines Benzodiazepin- oder auch Barbiturat-Schlafmittels zur Unterhaltung eines sie befriedigenden Schlafes auskommen können. Wird die Zufuhr dieser geringen Schlafmitteldosis ausgesetzt, ist Schlaflosigkeit die Folge. Das Problem der sogenannten Niedrigdosis-Abhängigkeit kann hier nicht eingehend behandelt werden. Es ist aber ein Problem grundsätzlicher Art, denn es muß von Fall zu Fall entschieden werden, ob dem Patienten das jeweilige Präparat, und zwar nach ernsthafter Nutzen-Risiko-Abwägung, trotzdem weiterverordnet oder es abgesetzt werden soll.

Tab. 15: Die „4-K-Regel" für den Gebrauch der Benzodiazepine

*K*lare Indikation
*K*leinste Dosis
*K*ürzeste Behandlungszeit
*K*einesfalls abruptes Absetzen
(Nach Borbély und Engfer)

Zum Thema *Suchtgefährdung* im allgemeinen und speziell bei Benzodiazepin-Hypnotika wird an anderer Stelle (s. Beitrag Schmidt, S. 65ff) referiert. Folgendes sei jedoch kurz angemerkt: Die Einnahme aller Benzodiazepinpräparate, gleichgültig ob als sogenannte Tagestranquilizer (Anxiolytika), als Muskelrelaxantien oder als Hypnotika eingesetzt, können in eine Abhängigkeit führen.
Gefährdet sind aber nicht alle Patienten, bei denen eine Indikation für eine Behandlung z. B. mit Benzodiazepin-Hypnotika besteht.
Das Risiko einer Suchtentwicklung durch die Einnahme von Benzodiazepinen kann unter Berücksichtigung von zwei Aspekten bereits deutlich reduziert werden:
Primär sollten Patienten mit erhöhtem Risiko für eine solche Abhängigkeitsentwicklung (z. B. anamnestische Daten über einen inadäquaten Umgang mit Suchtmitteln) von der Behandlung mit Benzodiazepin-Hypnotika ausgeschlossen werden. Allein schon durch diese Vorsichtsmaßnahme, die zweifelsfrei sehr schwierig durchzuführen ist, kann das Risiko einer Abhängigkeitsentwicklung unter der Behandlung mit Benzodiazepin-Hypnotika schon auf ein relatives Miminum gesenkt werden.
Die Art des bestimmungsgemäßen Gebrauches von Benzodiazepin-Hypnotika ist in einfachster Form in der sogenannten „4-K-Regel" dargestellt (Tab. 15). Diese Ratschläge geben in einfacher Form das wieder, was die Arzneimittelkommission der deutschen Ärzteschaft vor Jahren schon im Deutschen Ärzteblatt als Hinweis für den bestimmungsgemäßen Gebrauch von Benzodiazepinpräparaten veröffentlicht hat.

Alternativen zu den Benzodiazepin-Hypnotika

Bestehen Kontraindikationen für die Anwendung von Benzodiazepin-Hypnotika, kann an die Verordnung alternativer schlafinduzierender Substanzen, die in Tab. 16 aufgeführt sind, gedacht werden. Es ist zu fragen, welche Rolle sie in

Tab. 16: Alternativen zu den Benzodiazepin-Hypnotika (Auswahl häufig gebrauchter Substanzen)

Phytotherapeutika	(z. B. Baldrian, Hopfen)
Chloralhydrat	
(Clomethiazol)	
Antihistaminika	(z. B. Diphenhydramin, Promethazin)
Antidepressiva	(z. B. Doxepin, Trimipramin, Amitriptylin)
Neuroleptika	(z. B. Thioridazin, Perazin, Levopromazin, Chlorprothixen, Melperon)

der Therapie der Schlafstörungen spielen können, das heißt, welcher Nutzen, aber auch welche Risiken bei ihrer Anwendung zu erwarten ist.

Phytotherapeutika haben einen festen Stellenwert in der Initialbehandlung akuter leichterer Schlafstörungen (s.o. Tab. 2). Sie haben eine mild-sedierende, damit schlafanbahnende Wirkung, die gemeinsam mit Aufklärung, Beratung und der Anwendung von nichtmedikamentösen Einschlafhilfen effektiv sein können. Ein Abhängigkeitsrisiko ist nicht gegeben.

Das sehr alte *Chloralhydrat* hat eine kurze Wirkdauer von ca. 5 Stunden. Es scheint das Schlafprofil im EEG kaum zu beeinflussen. Nachteilig ist die geringe therapeutische Breite. Schon 6 — 10 g können letal wirken. Kontraindikationen sind: Magen-Darm-Erkrankungen, Herzinsuffizienz und Lebererkrankungen. Gelegentlich können Verwirrtheitszustände, Übelkeit und allergische Reaktionen auftreten. Eventuell kann Chloralhydrat in niedriger Dosis für kurze Zeit als Unterbrechung einer längeren Benzodiazepinmedikation verordnet werden. Auch hier besteht ein Abhängigkeitsrisiko.

Clomethiazol ist in zurückliegenden Jahren, da es eine recht ausgeprägte sedativ-hypnotische Wirkung hat, insbesondere für ältere Menschen als Schlafmittel empfohlen worden. Es hat ein hohes Abhängigkeitspotential. Seine Anwendung sollte auf die Behandlung des akuten Delirs beschränkt bleiben.

Antihistaminika zeigen als sogenannte Nebenwirkungen auch sedativ-hypnotische Effekte. Sie sind als Schlafmittel im over-the-counter-Geschäft der Apotheken und in Mischpräparaten im Handel und werden von Patienten häufig ohne ärztlichen Rat gekauft und in Selbstmedikation angewendet. Über die Wirkungen auf schlafphysiologische Parameter ist fast nichts bekannt. Unter ärztlicher Kontrolle können sie wie das Chloralhydrat eventuell bei chronisch Schlafgestörten mit langem Benzodiazepinmißbrauch für kurze Zeit intermittierend eingesetzt werden.

Sedierende Antidepressiva können bei mit einer Schlafstörung einhergehenden depressiven Syndromen eingesetzt werden. Aufgrund ihrer großen Toxizi-

tät und der hohen Rate unerwünschter Arzneimittelwirkungen durch anticholinerg bedingte Effekte muß im Rahmen einer Nutzen-Risiko-Abwägung von einer Anwendung als echter Alternative zu den Benzodiazepin-Hypnotika bei den üblichen Schlafstörungen abgeraten werden. Als Alternative bei suchtgefährdeten Patienten oder im Rahmen der Benzodiazepinentwöhnung haben die sedierenden Antidepressiva jedoch ihren Platz. Abhängigkeitsentwicklungen sind nicht zu erwarten.
Sedierende Neuroleptika haben wie Antidepressiva eine hohe Nebenwirkungsrate. Bei den stärker sedierenden Präparaten sind es insbesondere anticholinerg bedingte Störungen. Es können bei disponierten Personen schon im niedrigen Dosisbereich extrapyramidal-motorisch bedingte Bewegungsstörungen auftreten. Bei längerem Gebrauch sollte an das Risiko des Auftretens von sogenannten Spätdyskinesien gedacht werden. Gewöhnungseffekte sind nicht zu erwarten. Neuroleptika sind bei psychotisch bedingten Schlafstörungen indiziert. Sie können auch bei Süchtigen oder in einer Benzodiazepinentwöhnungsphase bei chronisch Schlafgestörten intermittierend eingesetzt werden.

Zusammenfassung

Benzodiazepin-Hypnotika sind unter den stärker und sofort wirkenden Hypnotika die Präparate der ersten Wahl. Es erscheint bedenklich, die Alternativpräparate (mit Ausnahme von Phytotherapeutika) eventuell aus einer grundsätzlichen Ablehnungshaltung gegenüber Benzodiazepin-Präparaten, primär und unreflektiert zur Behandlung von Schlafstörungen einzusetzen. Bei bestehenden Kontraindikationen kann und sollte auf die Alternativpräparate zurückgegriffen werden. Doch müssen auch bei ihnen die möglicherweise

Tab. 17: Therapeutisches Vorgehen bei Schlafstörungen (Schema)

1. Aufklärung und Beratung
2. Anwendung nicht-medikamentöser Schlafhilfen
3. bei nicht ausreichendem oder fehlendem Effekt:
   a) Phytotherapeutika
   b) Benzodiazepin-Hypnotika
   c) bei Kontraindikationen gegen Benzodiazepine (z. B. Suchtrisiko des Pat.): alternative schlafinduzierende Psychopharmaka (z. B. sedierende Antidepressiva, Neuroleptika o. a. Substanzen)

Immer notwendig: Stützende und führende („psychotherapeutische") Betreuung des Patienten

auftretenden Probleme, vor allem die nebenwirkungsbedingten Risiken bedacht werden. In Tab. 17 ist das therapeutische Vorgehen noch einmal kurz zusammengefaßt.
Letztlich gilt für die Anwendung aller Schlafmittel die obengenannte „4-K-Regel“ (Tab. 15, S. 58). Nicht zuletzt muß aber noch einmal darauf verwiesen werden, daß die alleinige und ausschließliche Behandlung der Schlafstörungen mit sogenannten Schlafmitteln nach dem modernen Erkenntnisstand zu kurz greift und häufig zu unbefriedigenden Ergebnissen führen wird.

Literatur

1 Borbély A. Das Geheimnis des Schlafs. Neue Wege und Erkenntnisse der Forschung. Deutsche Verlagsanstalt: Stuttgart 1984.
2 Faust V (Hrsg). Schlafstörungen, Ursachen, Schlafmittel, nicht medikamentöse Schlafhilfen. Hippokrates Verlag: Stuttgart 1985.
3 Hippius H, Engel RR, Laakmann G (Hrsg). Benzodiazepine. Rückblick und Ausblick. Springer Verlag: Berlin-Heidelberg-New York-Tokyo 1986.
4 Horowski R, Dorow R. Die Bedeutung pharmakokinetischer Befunde für die klinische Wirkung von Benzodiazepinen. Internist 1982, 23: 632—640.
5 Klotz U. Tranquilantien. Therapeutischer Einsatz und Pharmakologie. Wissenschaftl Verlagsgesellschaft: Stuttgart 1985.
6 Leutner V. Schlafstörung und Schlafmittel. Editiones Roche. Hoffmann-La-Roche: Basel 1986.
7 Müller WE. Die Wirkung der Benzodiazepine auf neuronaler Ebene. In: Kubicki ST, Engfer A. Schlaf- und Schlafmittelforschung. Neue Ergebnisse und therapeutische Konsequenzen. Vieweg-Verlag: Braunschweig-Wiesbaden 1988.
8 Oswald I, Adam K. Kriterien für die Auswahl eines Schlafmittels. In: Kubicki ST, Engfer A. Schlaf- und Schlafmittelforschung. Neue Ergebnisse und therapeutische Konsequenzen. Vieweg-Verlag: Braunschweig-Wiesbaden 1988.
9 Poser W, Poser S. Abusus und Abhängigkeit von Benzodiazepinen. Internist 1986, 27: 738—745.
10 Rudolf GAE. Therapieschemata Psychiatrie. Urban und Schwarzenberg: München-Wien-Baltimore 1988.

Diskussion Rudolf

Frage:
Die größten Probleme gibt es bei der Behandlung älterer Menschen. Sehr viele sind schlafgestört. Was ist zu tun?

Rudolf:
Eine der wesentlichen Ursachen für Schlafstörungen bei älteren Menschen ist die Tatsache, daß diesen häufig die Rhythmisierung des Tagesablaufs fehlt. Das gilt insbesondere für sich selbst überlassene ältere Menschen ohne Aufgaben und Tätigkeiten, die den Tag strukturieren. Weiterhin bin ich der Meinung, daß ältere Menschen tagsüber häufig zu viel schlafen. Das führt letztlich dazu, daß der Schlafbedarf am Abend und in der Nacht nicht mehr ausreicht, um den gewünschten Nachtschlaf zu erhalten. Ich denke dabei an den Mittagsschlaf, das zeitweilige Einnicken zu anderen Tageszeiten, den sogenannten Fernsehschlaf usw. Wenn sich ältere Menschen das Schlafen für die Nacht vorbehalten könnten, wäre einiges gewonnen. Helfen können eine (notwendigenfalls von außen angeregte) altersangepaßte Beschäftigung und Ablenkung, wie sie in guten Altenheimen systematisch angeboten werden.
Dort wie im privaten Bereich den Nachtschlaf mit Medikamenten zu erzwingen, hieße demnach, den zweiten Schritt vor dem ersten zu tun. Eine primäre Therapie mit Hypnotika wäre eine zu massive Maßnahme, die erst angewendet werden sollte, wenn alle anderen schlafinduzierenden Möglichkeiten nicht zum Erfolg führen. Bei kreislauflabilen und -insuffizienten älteren Menschen muß alles versucht werden, um eine hinreichende Versorgung des Gehirns mit Sauerstoff auch in der Nacht zu gewährleisten. Zirkadiane Schwankungen des (zerebralen) Blutdrucks, dessen tiefstes Niveau in der ersten Nachthälfte erreicht wird, können durch die Gabe von auch blutdrucksenkenden Hypnotika verstärkt werden. Gelegentlich kommt es dann zu Verwirrtheitszuständen, weil die gerade noch kompensierte Hirntätigkeit zusätzlich beeinträchtigt wird. Ein weiterer Fehler wäre dann die Gabe noch stärker sedierender Psychopharmaka, die den zerebralen Blutdruck abermals weiter absenken. Statt dessen wären blutdrucksteigernde Maßnahmen angezeigt.
Werden Hypnotika verordnet, sind solche der Benzodiazepin-Gruppe primär indiziert. Sie sollten vorsichtig, individuell angepaßt und kontrolliert verordnet werden, wobei darauf zu achten ist, daß ihre Wirkung am folgenden Tag nicht zu einer sogenannten Restsedierung bzw. zu einer Tagessedierung führt. Diese würde den alten Menschen wiederum tagsüber schlafen lassen, so daß er gegen Abend munterer wird, sich „ausgeschlafen“ aber erschöpft fühlt und zur Nacht den von ihm ersehnten Schlaf nicht findet.

Frage:
Darf man bei depressiven Patienten mit Schlafstörungen, das heißt, wenn diese morgens zu früh erwachen, eventuell ein nur wenige Stunden, sogenanntes ultrakurz wirkendes Benzodiazepin-Schlafmittel in der Weise verordnen, daß man dem Patienten empfiehlt, es sofort nach dem Aufwachen einzunehmen? Es besteht dann doch die Gefahr, daß man die Depression verstärkt, denn insbesondere die extrem kurz wirkenden Hypnotika sollen auch einen depressiogenen Effekt haben.

Rudolf:
Grundsätzlich sollte der schlafgestörte depressive Patient im Sinne einer Monotherapie nur ein sedierendes Antidepessivum mit der Hauptdosis am Abend erhalten. Ist das nicht ausreichend, empfehle ich ein ultrakurz wirkendes Benzodiazepin-Hypnotikum nur bei Patienten mit schweren (endogen-)depressiven Erkrankungen, die in oft typischer Weise ab morgens zwei, drei oder vier Uhr aufwachen und nicht wieder in den Schlaf finden. Das heißt, das Schlafmittel wird in der Regel nur für kurze Zeit verordnet, und zwar bis zu dem Zeitpunkt, an dem durch die antidepressive Therapie das depressionsbedingte Symptom Schlafstörung zurückgeht. Der Patient empfindet Erleichterung durch diese Maßnahme. Ich selbst kann relativ sicher sein, daß eine Tagesrestmüdigkeit nicht mehr vorhanden ist. Es soll aber noch einmal betont werden: Diese Therapieempfehlung gilt nur für schwere und schwerste endogen depressive Erkrankungen in der Akutbehandlungsphase, bis die antidepressive Therapie gegriffen hat.

Schmidt:
Das Auftreten von Depressionssymptomen unter der Gabe von Benzodiazepinen ist eher unter Absetzbedingungen beschrieben worden. Verstimmungszustände können kurzzeitig im Rahmen der Absetzschritte auftreten, nicht aber eigentlich unter der regelmäßigen Gabe.

Frage:
Warum steht das dann aber im Beipackzettel?

Rudolf:
Sehr wahrscheinlich ist damit die unter längerer Einnahme von insbesondere ultrakurz wirkenden Benzodiazepin-Hypnotika beobachtete Dysphorie gemeint, die gemeinsam mit der Rebound-Angst und Rebound-Schlaflosigkeit auftreten kann.

Dorow:
Möglicherweise ist auch folgendes zu beachten: Häufig verbirgt sich hinter einer Schlafstörung, die von einem Patienten primär geschildert wird, eine depressive Erkrankung. Wenn nun allein ein Benzodiazepin eingesetzt wird, behandelt man ja nicht die Depression, sondern allein das Symptom Schlafstörung. Die Depression kann dann unbehandelt noch stärker werden.

Frage:
Glauben Sie, daß, wenn Sie die sogenannte „4-K-Regel" auch für Antidepressiva und Neuroleptika gelten lassen, die Benzodiazepin-Hypnotika immer noch die besseren Medikamente sind?

Rudolf:
Ja, denn es bleibt bei den sedierenden Antidepressiva und Neuroleptika weiterhin das Problem der höheren Nebenwirkungsrate. Ich denke auch an die stärkere anticholinerge Wirkung, an die höhere Toxizität und an das Auftreten von akuten dyskinetischen Syndromen, vor allem aber an die Spätdyskinesien, die durch langzeitige Neuroleptikaeinnahme hervorgerufen werden können.

Frage:
Als Alternative zu den Benzodiazepin-Hypnotika sind Neuroleptika oder Antidepressiva jedoch anzusehen?

Rudolf:
Das ist sicherlich der Fall, gerade da, wo es Kontraindikationen für die Einnahme von Benzodiazepinen gibt. Einzuwenden habe ich etwas gegen die plakative Werbung für sedierende Antidepressiva und Neuroleptika als grundsätzlich bessere Alternative zu den in jüngerer Zeit in Mißkredit geratenen Benzodiazepinen. Setzt man sie ein, sollte man sich auch bei diesen Medikamenten über deren Behandlungsrisiken klar sein, und diese sind nicht gering. Die allgemeine Verträglichkeit der Benzodiazepine ist besser. Beachtet man die sogenannte „4-K-Regel", ist den meisten Patienten mit der Verordnung eines Benzodiazepins am ehesten gedient.

Mißbrauch und Abhängigkeit von Schlafmitteln

L. G. Schmidt

Häufigkeit von Schlafstörungen und Hypnotika-Verordnungen

Nach epidemiologischen Untersuchungen in den westlichen Ländern haben 30 – 40 % der Bevölkerung Ein- und/oder Durchschlafstörungen, für ca. 17 % stellen sie ein ernstes Problem dar (13, 15). Insbesondere finden sich Schlafstörungen gehäuft bei Frauen, Menschen höheren Alters, bei übermäßig erlebtem psychischen Streß, bei somatisch erlebter Angst oder depressionsähnlichen Beschwerden, bei allgemeinen Gesundheitsproblemen oder bei bestimmten Formen intrapsychischer Konfliktverarbeitung, bei der die zwischenmenschlichen Beziehungen von den Betroffenen nach außen hin möglichst spannungsfrei gehalten werden (13, 16). Dies führt vielfach zu dem Wunsch, den innerseelischen Druck mit Hilfe von Schlafmitteln, die bekanntlich auch eine anxiolytische und allgemein sedierende Wirkung haben, zu verringern oder einfach „abzuschalten". Das wird dann von dem Patienten in der ärztlichen Sprechstunde geäußert.
So wurden in der BRD 1988 351 Millionen definierte Tagesdosen an Hypnotika (Benzodiazepinhypnotika, Barbiturate, Chloralhydrat, pflanzliche Präparate) verordnet, wobei diese Berechnung auf der Basis von Rezeptauswertungen der gesetzlichen Krankenversicherungen beruht (11).

Diese Daten lassen vermuten, daß in der Bevölkerung ständig fast ca. 1 Million Menschen mit Hypnotika oder Sedativa behandelt werden. Im einzelnen war nach einem Abfall der Hypnotika-Verordnungen in den Jahren 1982 – 1985 in den beiden letzten Jahren die Verordnungsfrequenz der Benzodiazepin-(BZD)-Hypnotika wieder steigend und bei den Barbituraten seit vielen Jahren fallend. Pflanzliche Präparate erfreuen sich indes seit Jahren steigender Beliebtheit; viele Autoren stufen diese jedoch als Plazebos ein. Im einzelnen zeigt der Arzneimittelverordnungsreport 1989, daß vor allem die Verordnung mittellang wirksamer Hypnotika (z. B. Lormetazepam) zugenommen hat (Tab. 1) (11). Analysen aus dem Jahre 1985 haben ergeben, daß Hypnotika entsprechend dem häufigeren Vorkommen von Schlafstörungen in höherem Alter von Personen dieser Altersgruppen weitaus häufiger eingenommen werden als von jüngeren Patienten: Den über 65jährigen werden dabei zehnmal

Tab. 1: Verordnungen von Hypnotika aus der Gruppe der Benzodiazepine 1988. Angegeben sind die 1988 verordneten Tagesdosen (DDD), die prozentualen Änderungen gegenüber 1987 und die mittleren Kosten einer einzelnen DDD 1988 (aus [11])

Präparat	Bestandteile	DDD 1988 in Mio.	Änderung in %	DDD-Kosten in DM
Mit kurzer Wirkdauer				
Halcion	Triazolam	43,6	(– 26,7)	0,50
Lendormin	Brotizolam	7,7	(+ 26,4)	0,69
		51,3	(– 21,7)	0,53
Mit mittlerer Wirkdauer				
Noctamid	Lormetazepam	32,0	(+ 31,0)	0,53
Planum	Temazepam	12,8	(+ 1,7)	0,74
Remestan	Temazepam	10,6	(+ 4,0)	0,76
Pro Dorm	Lorazepam	1,4	(– 21,8)	0,68
		56,8	(+ 15,9)	0,63
Mit langer Wirkdauer				
Rohypnol	Flunitrazepam	52,9	(+ 6,4)	0,68
Dalmadorm	Flurazepam	19,5	(– 8,7)	0,68
Staurodorm Neu	Flurazepam	13,5	(– 14,6)	0,70
Mogadan	Nitrazepam	12,4	(– 12,7)	0,45
Eatan N	Nitrazepam	7,1	(– 30,2)	0,24
Imeson	Nitrazepam	5,7	(+ 17,5)	0,25
Novanox	Nitrazepam	2,5	(+ 49,9)	0,21
		113,6	(– 3,5)	0,60
Summe		221,6	(– 4,5)	0,59

mehr Hypno-Sedativa als den 20- bis 29jährigen verordnet. Ab dem 20. Lebensjahr zeigt sich zudem eine Mehrverordnung bei Frauen gegenüber der bei Männern. Das setzt sich bis ins hohe Alter fort (12).

Risiko-Patienten für einen Mißbrauch oder Abhängigkeit von Schlafmitteln

Risiko-Patienten für Schlafmittelmißbrauch und -abhängigkeit sind zum einen die Patienten mit chronischen Schlafstörungen, und zum anderen sind es Patienten mit Hinweisen auf Suchterkrankungen in der Vorgeschichte.
Um das Mißbrauchsmuster bzw. die Abhängigkeitsentwicklung näher charak-

terisieren zu können, sind zunächst die Begriffe von Mißbrauch und Abhängigkeit zu erläutern: Nach der Definition der ICD-9 Rev. versteht man unter Mißbrauch den nicht bestimmungsgemäßen Gebrauch von Arzneimitteln, erkennbar in der Einnahme ohne medizinische Indikation oder in erhöhten Dosierungen. Abhängigkeit kommt dagegen in drei Phänomenen zum Ausdruck: In psychischer Abhängigkeit, worunter man das unbezwingbare Verlangen nach Einnahme einer Substanz („craving") versteht, das sich bis zum Kontrollverlust steigern kann, ferner in Toleranzentwicklung, d. h. dem Nachlassen der erwünschten Wirkung bei gleicher Dosis oder der Dosissteigerung zum Zwecke, die erwünschte Wirkung doch noch zu erreichen, sowie in Entzugserscheinungen. Toleranzentwicklung und das Auftreten von Entzugserscheinungen sind dabei Hinweise auf eine körperliche Abhängigkeit.
Der Wunsch nach operationalisierbaren Kriterien für die Diagnostik hatte in der amerikanischen DSM III-Klassifikation dazu geführt, Abusus und psychische Abhängigkeit zusammenzufassen und der körperlichen Abhängigkeit gegenüberzustellen. Die Einengung des Abhängigkeitsbegriffes auf die körperliche Abhängigkeit konnte jedoch nicht befriedigen, da die psychische Abhängigkeit der eigentliche Motor von abhängigem Verhalten ist. Deshalb sind als Voraussetzungen für die Diagnose einer Abhängigkeit in die DSM III-R(evision) neben den Kriterien der körperlichen Abhängigkeit auch Verhaltenskriterien wie Verminderung oder Verlust der Kontrollfähigkeit (erkennbar in erfolglosen Versuchen, den Substanzgebrauch zu verringern oder zu kontrollieren sowie die Einnahme in größeren Mengen oder länger als beabsichtigt) aufgenommen worden. Mißbrauch bezeichnet nach DSM III-R eine Restkategorie unangemessenen Konsumverhaltens psychotroper Substanzen, das zu sozialen, beruflichen, psychischen oder körperlichen Problemen führt (26).
Patienten mit chronischen Hypo- oder Insomnien sind, wie erwähnt, die erste Risiko-Gruppe von Patienten, die zu Mißbrauch und Abhänigkeit von Hypnotika im Sinne der DSM III-R und auch der neuen ICD-10-Klassifikation, die der amerikanischen Konzeption angelehnt sein wird, prädisponiert sind. Steinberg (24) hat nach Erfahrungen in der Schlafambulanz der Münchener Nervenklinik diese Patientengruppe näher charakterisiert: Es sind Patienten, die seit durchschnittlich 12,2 (± 9,7) Jahren unter Ein- und/oder Durchschlafstörungen leiden, seit ca. 11 Jahren Schlafmittel einnehmen, zuletzt zwei oder mehr verschiedene Präparate. 65 % nehmen diese Schlafmittel regelmäßig ein, 15 % mehr Mittel als verordnet. 55 % haben das Gefühl, von Schlafmitteln abhängig zu sein, 75 % haben den Eindruck, daß Medikamente helfen. Die Schlafdauer unter Medikation wurde subjektiv auf das Doppelte (5,8 ± 1,9 Stunden) als ohne Medikation eingeschätzt (2,9 ± 1,8 Stunden), für die Einschlaflatenz wurden unter Medikamenten im Schnitt 30 — 60 Minuten, ohne Medikation mehr als 1 Stunde angegeben. Von nahezu allen Patienten wurden

wiederholte Absetzversuche berichtet, die meist ohne Wissen der behandelnden Ärzte durchgeführt wurden und jeweils gescheitert waren. In der Regel verstärkten sich die Schlafstörungen, so daß erneut Hypnotika eingenommen wurden. Die von 65 % der Patienten beklagte Müdigkeit während des Tages wurde meist mit dem mangelnden, leichten und unruhigen Schlaf in Zusammenhang gebracht, weniger als Nachwirkung der Medikation, also als Hangover-Effekt angesehen.

Bleiben die Dosierungen im therapeutischen Bereich, spricht man von Niedrigdosierungsabhängigkeit, andernfalls von Intermediär- oder Hochdosierungsabhängigkeit. Bei Niedrig- oder Intermediärdosierungsabhängigkeit ist meist die ursprüngliche Indikation, die Schlafinduktion als Motiv der Einnahme noch erkennbar.

Epidemiologische Daten zur Häufigkeit von Mißbrauch und Abhängigkeit von Schlaf- oder Beruhigungsmitteln werden jedoch recht kontrovers beurteilt. Dies hat erfassungstechnische Gründe, liegt aber unter anderem auch daran, daß beispielsweise im Fall der BZD die Trennung in Anxiolytika und Hypnotika nicht immer klar gegeben ist. Während LADEWIG (10) davon ausging, daß Mißbrauch von Benzodiazepinen durchschnittlich zweimal bei 100 000 Benzodiazepin-Verschreibungen vorkommt und damit — so der Autor — seltener sei als die Inzidenz von Brustkrebs bei Männern, bezichtigte KORNHUBER (9) im Deutschen Ärzteblatt 10 % der Bevölkerung, im Sinne einer Niedrigdosierungsabhängigkeit von BZD abhängig zu sein. In eigenen Untersuchungen fand sich hingegen bei 4,7 % der Patienten mehrerer deutscher psychiatrischer Universitätskliniken Mißbrauch und Abhängigkeit von BZD, bei 1 % primäre BZD-Abhängigkeit (20). Allerdings stellten nach diesen Untersuchungen zur institutionsbezogenen Prävalenz Patienten mit Angstneurosen die eigentliche Risikogruppe für primäre BZD-Abhängigkeit dar. Die Prävalenz von 11,8 % in dieser Patientengruppe war deutlich höher als bei anderen Patienten. Untersucht man hingegen Patienten mit Schlafstörungen in besonderen Kliniken, die sich speziell mit Schlafstörungen befassen, so ist praktisch jeder zweite Patient in klinischem Sinne, entsprechend der Kriterien Toleranzentwicklung oder Auftreten von Entzugserscheinungen abhängig (22). Wie häufig speziell Schlafmittelmißbrauch oder -abhängigkeit jedoch in nicht selektierten Gruppen oder gar in der Gesamtbevölkerung verbreitet ist, ist nicht bekannt. Solche Felduntersuchungen dürften wegen der Verleugnungstendenz der Betroffenen auch nur wenig reliable Ergebnisse erbringen.

Die zweite Risikogruppe für Schlafmittelmißbrauch oder -abhängigkeit stellen, wie schon erwähnt, Patienten mit Hinweisen auf toxikomanes Verhalten in der Anamnese dar. Man spricht von einer sekundären Abhängigkeit, wenn beispielsweise Alkoholabhängige auf Clomethiazol oder Barbiturat-Abhängige auf BZD „umsteigen". Vielfach haben solche Patienten Hypno-Sedativa zur

Überbrückung von Entzugserscheinungen eingenommen, sind dann aber an diesen Medikamenten „hängengeblieben". Die weitere Suchtentwicklung kann aber auch zur Polytoxikomanie führen, wenn Alkohol- oder Opioid-Abhängige Hypno-Sedativa vor allem mit dem Ziel der Wirkungsverstärkung einnehmen. Wieder andere Patienten finden schließlich den Weg in eine primäre Hochdosierungsabhängigkeit von Barbituraten oder Benzodiazepinen mit dem Ziel, durch die Substanzeinnahme „munterer" oder „frischer" zu werden. Nach unseren Erhebungen in psychiatrischen Universitätskliniken und Landeskrankenhäusern (19, 20) kommen sekundäre Abhängigkeiten vergleichsweise selten vor, häufiger sind Mehrfachmißbrauch und Mehrfachabhängigkeit. Hochdosierungsabhängigkeiten von Benzodiazepinen fanden wir lediglich bei 3/10 000 aufgenommenen Patienten in psychiatrischen Universitätskliniken. Hingegen neigen 5 % chronischer Alkoholiker zur Hochdosierung von Benzodiazepinen oder Barbituraten, was auch bei Opioid-Abhängigkeit nicht selten vorkommt. Diese epidemiologischen Betrachtungen sollen mit der allgemein bekannten Erfahrung abgeschlossen werden, daß Mißbrauch und Abhängigkeit von Hypno-Sedativa um so häufiger sind, je öfter, je höher dosiert und je längere Zeit diese Substanzen verordnet werden.

Unterschiede im Abhängigkeitspotential verschiedener Hypno-Sedativa

Die Häufigkeit der Nennungen der Mißbrauchsstoffe aus der Hypno-Sedativa-Gruppe aus dem sogenannten Frühwarnsystem ist in Tab. 2 aufgelistet (7). Diese Statistik beruht auf der intensiven Befragung von 4 410 Suchtkranken aller Art aus den Jahren 1976 — 1985. Die Liste wird angeführt von Mandrax®, dem Kombinationspräparat aus Methaqualon und Diphenhydramin, welches aber nicht mehr im Handel ist. Das hohe Mißbrauchspotential der Barbiturate, insbesondere wenn zwei Substanzen kombiniert werden, wird in der Vorrangstellung von Vesparax® und Medinox® erkennbar. Vesparax® steht nunmehr unter Betäubungsmittelverordnung, Medinox® wurde hinsichtlich der Dosierung geändert, was aber wohl nur dazu geführt hat, daß Abhängige die Anzahl der Tabletten bei Einnahme entsprechend erhöhen. Insgesamt haben Barbiturate ein hohes Abhängigkeitspotential, erkennbar daran, daß die psychische Bindekraft an die Substanz groß ist, die körperliche Abhängigkeit sich oft innerhalb weniger Wochen entwickelt und eine Dosissteigerung bei fortgesetztem Gebrauch die Regel ist. Es kann zu lebensbedrohlichen Zuständen im Überdosierungsfall oder bei Entzügen kommen, weil die therapeutische Breite dieser Substanzen gering ist. Deshalb haben die Barbiturate ihre Bedeutung als Schlafmittel verloren und sind von den BZD verdrängt worden, die praktisch in jeder Hinsicht (z. B. Verträglichkeit, therapeutische Breite) günstigere Eigenschaften haben.

Tab. 2: (aus [7]) Häufigkeit der Nennung von Mißbrauchsstoffen der Sedativa/Hypnotika-Gruppe (Frühwarnsystem W. KEUP, 1976—1985)

Name	Inhaltsstoffe	%	Bemerkung
Mandrax®	Methaqualon Diphenhydramin	16,4	nicht mehr im Handel
Vesparax®	Brallobarbital Secobarbital Etodroxizin	12,5	unter Btm-VV
Medinox®	Cyclobarbital Secobarbital	12,5	Zusammensetzung geändert
Distraneurin®	Clomethiazol	8,6	—
Nembutal®	Pentobarbital	4,7	nicht mehr im Handel
Dolestan®	Diphenhydramin	4,5	nicht mehr im Handel
Spasmo-Cibalgin®	Allobarbital Propyphenazon Drofenin	4,1	Zusammensetzung geändert
Betadorm®	Diphenhydramin Carbromal	4,1	—
Optalidon®	Butalbital Coffein Propyphenazon	4,0	—
Staurodorm®	Carbromal Methaqualon Benactyzin	3,3	Zusammensetzung geändert
Rohypnol®	Flunitrazepam	3,2	—
Rosimon®	Phenobarbital Phenacetin, Coffein, ASS, u.a.	1,9	—
Halbmond®	Diphenhydramin	1,9	—
Dalmadorm®	Flurazepam	1,9	—
Mogadan®	Nitrazepam	1,8	

N = 4410 befragte Suchtkranke

Clomethiazol besitzt ebenfalls ein großes Abhängigkeitspotential, was durch die hohe Quote von Nennungen zum Ausdruck kommt. Wegen der Suchtgefahr sollte es als Schlafmittel nicht verordnet werden. Als relative Ausnahme gilt lediglich die kurzzeitige Verwendung in der Gerontopsychiatrie, wenn andere Hypnotika oder Sedativa keine Wirkung zeigen. Clomethiazol hat ebenfalls eine geringe therapeutische Breite und darf Abhängigen ambulant nicht verordnet werden. In Tab. 2 sind Präparate aufgeführt, die auch Antihistaminika mit einem Abhängigkeitspotential wie Diphenhydramin enthalten. Es folgen dann BZD, die ein ausgeprägtes hypnotisches Wirkungsprofil haben, wie Flunitrazepam, Flurazepam und Nitrazepam. Hier ist aber anzumerken, daß andere BZD wie Diazepam, Lorazepam, Bromazepam, die jeweils ein vergleichbares Abhängigkeitspotential haben, nicht aufgeführt sind, da sie überwiegend als Tranquilizer oder Anxiolytika eingesetzt werden.
Dieser Überblick über das Abhängigkeitspotential von Schlafmitteln wäre unvollständig, würden nicht auch noch andere Substanzen genannt, die mißbraucht werden oder wurden. Da ist einmal der Alkohol zu nennen, der kein schlechtes Schlafmittel ist, da er dämpfende, entspannende und angstlösende Wirkungen hat. Er hat bekanntlich aber auch ein erhebliches Mißbrauchspotential, bedeutet für den Organismus eine erhebliche Stoffwechselbelastung, hat eine geringe therapeutische Breite und kann massive Hangover-Effekte verursachen. Chemisch verwandt und in seiner Wirkung sehr ähnlich ist das Chloralhydrat, von dem früher ebenfalls schwere Abhängigkeiten bekannt waren. Heute kommt Chloralhydratabhängigkeit extrem selten vor (7). Auch die Brom- und Harnstoffderivate (Bromureide, z. B. Carbromal) sind heute zu Recht von den BZD verdrängt worden, da diese ein wesentlich höheres Suchtpotential haben und erheblich toxischer sind. Die Piperidindion-Derivate (z. B. Nodular®) spielen ebenfalls keine Rolle mehr. Hingegen haben sedierende Neuroleptika oder Antidepressiva kein Abhängigkeitspotential und eignen sich durchaus zur Schlafinduktion. Sie werden aber von manchen Patienten wegen der anticholinergen Begleitwirkungen nicht sehr geschätzt.

Mechanismen der Entwicklung von Toleranz und Abhängigkeit

Einige Komponenten des vitiösen Zirkels in der Behandlung von Schlafstörungen sind in Abb. 1 dargestellt.
Patienten mit chronischen Insomnien ist Angst vor Schlaflosigkeit, die sogenannte Schlaferwartungsangst, gut bekannt. Diese führt zur Aktivierung und einem psychophysiologischen Arousal, der mit der Einnahme von Hypnotika beantwortet wird. Im Falle der BZD kommt es auf Rezeptorebene zu einer prä- und postsynaptischen Verstärkung der GABAergen inhibitorischen Impuls-

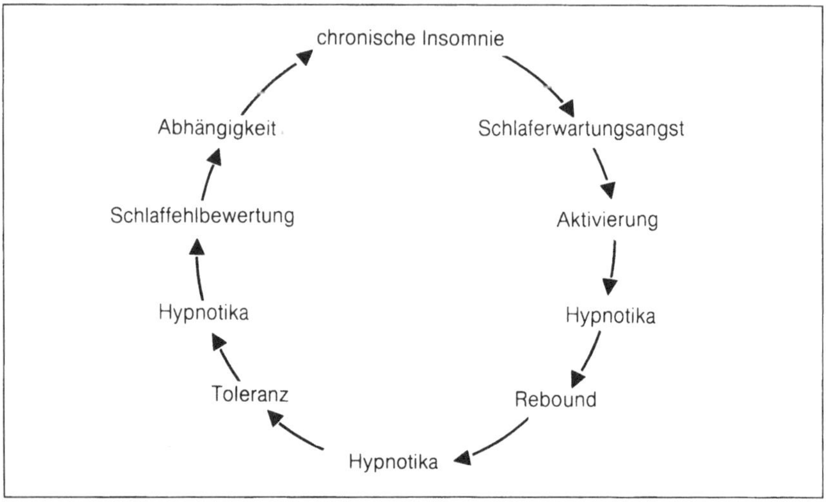

Abb. 1: Circulus Vitiosus in der Behandlung von Schlafstörungen

übertragung, die von adaptativen Gegenregulationen gefolgt werden, welche wiederum der ursprünglichen Pharmakonwirkung entgegengesetzt sind. Damit werden biologische Systeme mit Hilfe eines negativen Feedbacks in Homöostase gehalten. Wird überreguliert, spricht man von Rebound, z. B. der Rebound-Insomnie, die beispielsweise nach Absetzen von Hypnotika auftreten kann und als Schlafstörung intensiver und quälender ist als jene, die ursprünglich zur Hypnotikaeinnahme geführt hat. Dieser Rebound kann nach KALES (6) sogar schon in der gleichen Nacht auftreten — man spricht von Early morning insomnia — wenn kurzwirksame BZD eingenommen werden. Rebound-Phänomene sind durch neuerliche Einnahme von BZD unmittelbar zu beheben. Über die der Toleranz zugrunde liegenden Mechanismen wird noch spekuliert (4, 13). Auf die chronische Anwesenheit von BZD reagiert der Organismus ebenfalls gegenregulatorisch, aber in einer etwas veränderten Weise. Er wird weniger empfindlich, was autoprotektiven Charakter hat. Diese Desensitivierung geht mit dem vielfach beschriebenen klinischen Wirkungsverlust der Hypnotika einher, der bereits nach 2 — 6 Wochen eintritt (6, 16). Chronische Applikation verändert demnach die BZD-Rezeptoren im Sinne einer Down-Regulation, also einer Abnahme der Anzahl von Rezeptoren als Grundlage der Toleranz, was klinisch zur erneuten, gegebenenfalls erhöhten Dosis Anlaß gibt, um den erwünschten Effekt doch noch zu erfahren. Schließlich tragen, wenn man SCHNEIDER-HELMERT (22) folgen will, Fehlbewertungen des Schlafs dazu bei, daß Schlafgestörte ihre Hypnotika nicht absetzen können.

Bestimmte objektive Schlafparameter (wie der REM-Schlaf oder Slow wave sleep) waren in einer Untersuchung dieses Autors bei den BZD-abhängigen Schlafgestörten signifikant gegenüber medikationsfreien Schlafgestörten reduziert. Wurden Schlafgestörte polysomnographisch und durch Befragungen unter chronischer BZD-Einnahme und in der ersten Entzugsnacht untersucht, zeigten sich keine Unterschiede hinsichtlich der objektiv gemessenen Schlaf- und Wachzeit. Die BZD-abhängigen Patienten überschätzten aber ihre Schlafzeit um durchschnittlich 72 Minuten (objektiv 211 Minuten); ebenso überschätzten Patienten in der ersten Entzugsnacht ihre Einschlaflatenz (objektiv 37 Minuten) um 61 Minuten. Daraus könnte der Schluß gezogen werden, daß die langfristigen Wirkungen von BZD-Hypnotika weniger in hypnotischen als in kognitiv-amnestischen Effekten bestehen, insofern, als die Patienten objektiv zwar nicht besser schlafen, dies aber meinen.

Bezüglich der Toleranzentwicklung unter Barbituraten soll nur kurz erwähnt sein, daß hier zusätzlich noch pharmakokinetische Veränderungen, insbesondere z. B. die Enzyminduktion, eine besondere Rolle spielen. Alle beschriebenen Effekte münden schließlich in ein körperliches und psychisches Abhängigkeitssyndrom, das im Entzugsfall unterschiedliche Ausmaße haben kann.

Psychische Abhängigkeit entsteht insbesondere dann, wenn primär Veränderungen der Befindlichkeit oder Stimmung mit Hilfe psychotroper Substanzen angestrebt werden. Auch Hypnotika können zur Euphorisierung oder Stimulierung eingesetzt werden. Dabei nimmt man an, daß Selbstbelohnungs- oder Reward-Systeme aktiviert werden. Worauf dieses Rewarding oder Reinforcing bei den BZD-Hypnotika zurückgeht, das auch zu einer Verstärkung desjenigen Verhaltens führt, das der Beschaffung dient, ist bislang unbekannt. Endogene Opioide scheinen jedenfalls nicht involviert zu sein (5).

Unterschiede im Abhängigkeitspotential verschiedener Benzodiazepine

Wegen der Bedeutung der BZD als Schlafmittel soll hier kurz noch auf Unterschiede im Wirkungsprofil, insbesondere auf Verschiedenheiten im Abhängigkeitspotential, eingegangen werden. Prinzipiell beruht die Wirkung aller BZD auf dem gleichen pharmakologischen Prinzip, nämlich der Verstärkung GABAerger inhibitorischer Impulse. Unterschiede im Wirkungsprofil erklären sich aus pharmakinetischen Besonderheiten, so z. B. im Metabolismus, dem Vorkommen oder Nicht-Vorkommen aktiver Metaboliten und auch der Rezeptoraffinität. Entsprechend werden kurz wirksame BZD-Hypnotika insbesondere bei Einschlafstörungen empfohlen, BZD mit mittlerer Wirkdauer oft bei Durchschlafstörungen eingesetzt, lang wirksame BZD-Hypnotika dann bevorzugt, wenn auch noch eine Anxiolyse am Tag angestrebt wird. Unter kurz wirksamen Hypnotika sind aufgrund von umgehend einsetzenden Rebound-Effekten schon in der zweiten Nachthälfte Schlafstörungen oder am Tag Ängstlichkeit beschrieben worden (6). Dafür kann unter lang wirksamen BZD-Hypnotika aufgrund von Hangover-Effekten eine Tagesmüdigkeit auftreten. Bezüglich der Unterschiede im Abhängigkeitspotential ist die sogenannte HOLLISTER-Hypothese recht bekannt geworden, die aber eigentlich nur noch eine historische Bedeutung hat. Sie besagte, daß kurz und lang wirksame BZD das vergleichsweise geringste Abhängigkeitspotential besäßen. Diese Aussage dürfte aber inzwischen zu revidieren sein, da kurz wirksame BZD vielfach hochpotente, d. h. sehr rezeptoraffine Substanzen mit hohem Abhängigkeitspotential sind (25). Die lang wirksamen BZD scheinen bei ebenso vielen Patienten Entzugserscheinungen hervorzurufen wie die kürzer wirksamen Präparate. Die Patienten erleben die Entzugserscheinungen aber später und weniger heftig (2). In letzter Zeit häufen sich auch empirische Evidenzen, die besagen, daß manche BZD gegenüber anderen von Schlafgestörten bevorzugt gewünscht werden, also ein höheres „seeking" oder „liking" haben als andere (4). Danach sollen insbesondere sedierend-hypnotische BZD ein geringeres Abhängigkeitspotential als anxiolytisch-stimmungsaffine BZD, wie Lorazepam, Bromazepam, Alprazolam, haben (4, 25). Das hohe Abhängigkeitspotential des BZD-Hypnotikums Flunitrazepam dürfte wiederum mit der hohen Rezeptoraffinität zusammenhängen.

Sonstige Folgen langfristiger BZD-Einnahme

Langfristige Hypnotika-Einnahme kann aber auch andere unerwünschte Wirkungen nach sich ziehen, die bei der Diskussion über Langzeitrisiken zu wenig bedacht werden. Bei relativen Intoxikationen oder Überhang-Effekten können insbesondere Stürze, zerebelläre Störungen oder Muskelschwächezustände auftreten. Auch kann die Fahrtauglichkeit oder die Fähigkeit zum Bedienen von Maschinen eingeschränkt sein. In der letzten Zeit sind zunehmend auch kognitive Störungen, vor allem unter höheren Dosierungen beschrieben worden, wie die Beeinträchtigung der Lernfähigkeit, des Gedächtnisses und der Aufmerksamkeitsspanne. Auch wurden visuo-spatiale Störungen in entsprechenden neuropsychologischen Tests gefunden (3). Sogar Verbreiterungen der inneren Liquorräume wurden bei CT-Untersuchungen von BZD-Hochdosis-Abhängigen gefunden, wobei die Atrophie mit der Höhe der Dosis korrelierte (18). Damit sei nur angedeutet, daß Abhängigkeit eine Folge langfristiger Hypnotika-Einnahme sein kann, daß aber auch neuropsychologische oder psychomotorische Störungen bei Langzeiteinnahme bedacht werden müssen. Diese können insbesondere Menschen, die routinemäßig Hypnotika bekommen, wie in manchen Institutionen oder Pflegeheimen üblich, in ihrer seelischen und körperlichen Leistungsfähigkeit zusätzlich akut oder auch irreversibel einschränken.

Behandlung der Schlafmittelabhängigkeit

Aus den geschilderten Gründen kann nur das Absetzen der Hypnotika das Mittel der Wahl in der Behandlung der Abhängigkeit sein. Dies muß aber unbedingt schrittweise geschehen. Bei höheren täglichen Dosen, polytoxikomanem Einnahmeverhalten, Entzugspsychosen oder -anfällen in der Vorgeschichte sollten die Patienten stationär behandelt werden, wobei die Präparate ausschleichend abgesetzt werden sollten. Bei Barbiturat-Abhängigkeit wird empfohlen, die Dosis täglich um etwa 10 % zu vermindern. Ähnlich kann man bei der BZD-Abhängigkeit vorgehen, indem alle 5 Tage die Dosis halbiert wird (23). Bei ambulantem Entzug ist die Dosisreduktion sehr viel langsamer vorzunehmen. Überbrückend können sedierende Antidepressiva, niederpotente Neuroleptika oder Promethazin eingesetzt werden. In der Regel ist die subjektiv erlebte Schlafqualität im Rahmen der Absetzbehandlung deutlich schlechter. Das muß mit dem Patienten vorher besprochen werden. Es sollte dabei auch auf die sogenannten schlafhygienischen Maßnahmen rekuriert werden, wie die Auswahl einer geeigneten Zimmertemperatur, des richtigen Bettes, die Herstellung äußerer Ruhebedingungen sowie eines niedrigen Aktivitätsniveaus vor dem Schlafengehen, das Meiden von Nikotin, chronischem Alkoholkonsum oder reichhaltigem Essen. Besondere Entspannungsmethoden, wie das Relaxationstraining nach JAKOBSON oder das autogene Training nach I. H. SCHULTZ, sind zu empfehlen. Nach überstandenem Entzug, der für viele Patienten langwierig und quälend ist, fühlen sich die Patienten in der Regel freier und frischer.
Um eine Schlafmittelabhängigkeit gar nicht aufkommen zu lassen, ist unbedingt eine zeitlich begrenzte oder intermittierende Behandlung mit Hypnotika zu empfehlen. Bei längerfristigen Schlafstörungen sollte immer wieder ein Wechsel des pharmakologischen Wirkprinzips, verbunden mit der Verordnung von BZD, sedierenden Antidepressiva und Neuroleptika oder Chloralhydrat, vorgenommen werden.

Literatur

1 Arzneimittelkommission der deutschen Ärzteschaft: Möglicher Mißbrauch des Antidepressivums Doxepin bei Suchtkranken. Dtsch Ärztebl 1989, 86: 1467.

2 Busto U, Sellers EM, Naranjo CA, Capell H, Sanchez-Craig M, Syroka K. Withdrawal reaction after long-term therapeutic use of benzodiazepines. N Engl J Med 1986, 315: 854—859.

3 Golombok S, Moodley, P, Lader M. Cognitive impairment in long-term benzodiazepine users. Psychol Med 1988, 18: 365—374.

4 Griffiths RR, McLeod DR, Bigelow GE, Liebson IA, Roache JD. Relative abuse liability of diazepam and oxazepam: behavioral and subjective dose effects. Psychopharmacology 1984; 84: 147—154.

5 Haefely W. Biological basis of drug-induced tolerance, rebound and dependence. Contribution of recent research on benzodiazepines. Pharmacopsychiatry 1986, 19: 353—361.

6 Kales A, Kales JD. Evaluation and treatment of insomnia. Oxford University Press: New York 1984.

7 Keup W. Mißbrauch und Abhängigkeit von Sedativa und Hypnotika. Internist 1986, 27: 746—756.

8 Keup W. Zur Arzneimittel-Mißbrauchssituation in der Bundesrepublik Deutschland 1987. Arzneiverord. i. d. Praxis 1988, 5.

9 Kornhuber HH. Das Risiko Benzodiazepin. Dtsch Ärztebl 1988, 85: 405.

10 Ladewig D. Abuse of benzodiazepines in Western European society-incidence and prevalence, motives, drug acquisition. Pharmacopsychiatry 1983, 16: 103—106.

11 Lohse MJ, Müller-Oerlinghausen B. Hypnotika und Sedativa. In: Schwabe U, Paffrath D (Hrsg). Arzneiverordnungsreport '89. Fischer Verlag: Stuttgart 1989.

12 Meiner E. Beruhigungsmittel in der ärztlichen Praxis. Dtsch Ärztebl 1987, 84: 921—924.

13 Mellinger GD, Balther MB, Uhlenuth EH. Insomnia and its treatment. Arch Gen Psychiatry 1985, 42: 225—232.

14 Nutt D. Benzodiazepine dependence in the clinic: reason for anxiety? Trends in Neuroscience, 1986, 9: 547—560.

15 Piel E. Schlafschwierigkeiten und soziale Persönlichkeit. In: Faust V (Hrsg). Schlafstörungen: Häufigkeit — Schlafmittel — nichtmedikamentöse Schlafhilfen. Hippokrates Verlag: Stuttgart 1985.

16 Roth T, Stickleisteel J, Stepanski E. Effects of benzodiazepines on sleep and wakefulness. Brit J Clin Pharmacol 1985, 11: 315.

17 Rudolf G, Jaeger M, Porsch U. Persönlichkeitsstruktur und Krankheitsverhalten von Patienten mit Schlafstörungen. Psychosomatik, Zeitschrift für Fort- und Weiterbildung, Springer Verlag: 1987.

18 Schmauss C, Krieg JC. Enlargement of cerebrospinal fluid spaces in long-term benzodiazepine abusers. Psychol Med 1987, 17: 869—873.

19 Schmidt LG, Müller-Oerlinghausen B, Schlünder M, Seidel M, Platz WE. Benzodiazepine und Barbiturate bei chronischen Alkoholikern und Opiatabhängigen. Dtsch Med Wschr 1987, 112: 1849—1854.

20 Schmidt LG, Grohmann R. Zur Häufigkeit primärer Benzodiazepin-Abhängigkeit. Dtsch Ärztebl 1988, 95: 2598—2599.

21 Schmidt LG, Grohmann R, Müller-Oerlinghausen B, Poser W, Rüther E, Wolf B. Mißbrauch von Antidepressiva bei Suchtkranken. Ärzteblatt 1990; 87: 92—96.

22 Schneider-Helmert D. Why low-dose benzodiazepine-dependent insomniacs can't escape their sleeping pills. Acta Psychiatr Scand 1988, 78: 706—711.

23 SOYKA M, STEINBERG R, VOLLMER M. Entzugsphänomene bei schrittweisem Benzodiazepinentzug. Nervenarzt 1988, 59: 744—748.
24 STEINBERG R, EINHÄUPL K, HIPPIUS H, HOFF P, NEDOPIL N, OEFELE K, RÜTHER E. Chronische Hyposomnien in einer Schlafambulanz. Nervenarzt 1984, 55: 471—476.
25 TYRER P, MURPHY S. The place of benzodiazepines in psychiatric practice. Brit J Psychiat 1987, 151: 719—723.
26 WITTCHEN HU, SASS H, ZAUDIG M, KOEHLER K. Diagnostisches und statistisches Manual psychischer Störungen: DSM-III-R. Beltz Verlag: Weinheim 1989.

Diskussion Schmidt

Frage:
Läßt sich der Benzodiazepin-Antagonist Flumazenil beim Benzodiazepin-Entzug einsetzen?

Schmidt:
Der Hersteller weist in seinem Informationsmaterial zu Flumazenil (Anexate®) darauf hin, daß nach Gabe von Flumazenil bei Patienten, die von benzodiazepinhaltigen Präparaten abhängig waren oder diese Präparate in niedrigen Dosen über längere Zeit erhielten, Entzugserscheinungen auftreten können. Diese äußern sich in Schlafstörungen, Angst, Spannungszuständen, innerer Unruhe, Zittern bis hin zu bedrohlichen körperlichen und seelischen Reaktionen.
Die Gabe des Benzodiazepin-Antagonisten ruft die gleichen Symptome hervor wie das abrupte Absetzen einer Benzodiazepin-Medikation.
Das wesentliche Anwendungsgebiet von Flumazenil ist:
Die Beendigung der durch Benzodiazepine eingeleiteten und aufrechterhaltenen Narkose bei stationären Patienten.

Dorow:
Aus tierexperimentellen Studien ist bekannt, daß der Benzodiazepinantagonist Flumazenil bei chronisch benzodiazepinbehandelten Tieren schwere Entzugserscheinungen hervorrufen kann.
In einer von uns durchgeführten plazebo-kontrollierten doppelblinden Studie erhielten Probanden einmalig Lormetazepam, Flunitrazepam und Plazebo intravenös verabreicht.
15 Minuten nach dieser Benzodiazepin- oder Plazebo-Verabreichung wurde allen Probanden eine hohe Dosis Flumazenil injiziert.
24 Stunden später wurde unter vergleichbaren Versuchsbedingungen denselben Probanden Plazebo und 15 Minuten später wiederum der Antagonist in gleicher Dosierung gegeben. Erst nach der zweiten Antagonistengabe konnten bei den mit Benzodiazepinen behandelten Versuchspersonen Entzugserscheinungen wie Angst, Unruhe und vegetative Symptome beobachtet werden.
Aus diesen Untersuchungen läßt sich schlußfolgern, daß Patienten, die unter chronischer Benzodiazepinbehandlung stehen, nicht mit hohen Dosen Flumazenil behandelt werden sollten, da sie mit großer Wahrscheinlichkeit eine schwere Entzugssymptomatik entwickeln würden.

Schmidt:
Ich denke, wenn überhaupt, könnte man sich einen Einsatz von Flumazenil

letztlich als Rückfallprophylaktikum vorstellen in Analogie z. B. zu den Opionitabhängigen, denen man Naloxan gibt, um einen Rückfall zu vermeiden. Eine weitere Analogie wäre die Gabe von Disulfiram (Antabus®) bei Alkoholkranken, was auch als aversiver Stimulus suchtkontrollierend eingesetzt wird. Dieser Weg wäre pharmakologisch denkbar; aber in Anbetracht der relativen Ungefährlichkeit der Benzodiazepinabhängigkeit wäre die Gabe von Flumazenil wohl kein adäquates Therapieverfahren.

Frage:
Könnten Sie noch einmal die Notwendigkeit des schrittweisen Absetzens erläutern?

Schmidt:
Nach abruptem oder zu schnellem Beenden einer Benzodiazepin-Therapie können Entzugs-(Rebound-)Phänomene auftreten (s. obige Antwort).
Der Zeitpunkt, das Ausmaß und die Dauer dieser Absetzphänomene hängen außer von substanzspezifischen Faktoren im wesentlichen auch von der Höhe der verwendeten Dosis, der Art der Applikation (p.o., i.v.), dem Einnahmeintervall, der Behandlungsdauer, der Persönlichkeitsstruktur, dem Alter und peristatischen Faktoren ab.
Beim Auftreten dieser Symptome können Patienten ein Entzugsvermeidungsverhalten entwickeln, das dazu führt, daß sie die jeweilige Substanz erneut einnehmen, um diese unangenehmen Rebound-Symptome zu unterdrücken.
Da Benzodiazepine in der Regel zu lange eingenommen werden, verhindert oder mildert ein schrittweises Absetzen diese Entzugs-(Rebound-)Symptomatik.
Wenn Patienten beispielsweise bei der dreifachen Menge der therapeutischen Dosis angelangt sind, z. B. 60 mg Diazepam am Tag, dann ist klar, daß die tägliche Dosierung schrittweise reduziert werden muß. Wenn die Patienten 10 mg Diazepam oder die entsprechende Äquivalenzdosis eines anderen Benzodiazepins einnehmen, können sie natürlich auch einmal das Benzodiazepin abrupt absetzen.
In jedem Falle sollte der Arzt diese Phänomene mit dem Patienten besprechen, auch dann, wenn er sich zu einer längeren Intervalltherapie entschließt.

Rudolf:
Nach meinen Erfahrungen glaube ich, daß wir grundsätzlich ausschleichen sollten. Man kann mit dem einen oder anderen Patienten Glück haben, daß er das abrupte Absetzen toleriert.
Um kein Risiko einzugehen, sollten insbesondere diejenigen Patienten, die

Benzodiazepine über längere Zeit eingenommen haben, nicht abrupt entzogen werden.
Die Dauer der Ausschleichphase und die Höhe der Dosisreduktion hängt auch von den pharmakokinetischen Eigenschaften des verwendeten Benzodiazepins ab.
Ultrakurz wirksame Benzodiazepine verursachen unmittelbar nach dem Absetzen eine ausgeprägte Entzugs-(Rebound-)Symptomatik. Erhöhte Ängstlichkeit und Unruhe kann schon unter der Behandlung auftreten. Zum Ausschleichen empfiehlt sich oft ein Wechsel auf ein länger wirkendes Benzodiazepin.
Lang wirksame Benzodiazepine verursachen eine später auftretende, leichtere, aber länger anhaltende Entzugs-(Rebound-)Symptomatik. Die Höhe der verwendeten Dosis und die Einnahmedauer müssen ebenfalls berücksichtigt werden.
Ich würde die Anwendung folgender Faustregel empfehlen: Bei jahrelangem Mißbrauch über Monate ausschleichen, bei monatelangem Mißbrauch über Wochen ausschleichen. Bei wochenlanger Einnahme, die ja eigentlich keinen Mißbrauch darstellt, über Tage langsam ausschleichen. Während einer längeren Absetzphase ist eine begleitende Psychotherapie von besonderer Wichtigkeit.

Schmidt:
Also vielleicht noch als Nachtrag dazu:
Die Chance, daß Patienten, die eigentlich nicht motiviert sind, eine Benzodiazepinabhängigkeit ablegen, ist recht gering. Man muß versuchen, die Patienten zu motivieren, daß sie von den Präparaten Abstand nehmen. Eine Entzugsbehandlung gegen den Willen des Patienten durchzuführen, erweist sich in der Regel als sinnlos. Diese Auffassung wird nicht nur von mir, sondern auch von anderen Autoren, die sehr viel Erfahrung damit haben, wie z. B. TYRER (25), vertreten.

Frage:
Zur Frage des abrupten Absetzens: Sollte in klinischen Situationen nicht auch Carbamazepin eingesetzt werden?

Schmidt:
Als bessere antikonvulsive Therapie erscheint mir die Weitergabe des Benzodiazepins, aber dann eben in ausschleichender Dosierung.

Frage:
Wie häufig ist der Mißbrauch von Antidepressiva?

Schmidt:
Damit sprechen Sie eine sehr aktuelle Diskussion an. Vor kurzem wurde aus einem Frühwarnsystem von einem zunehmenden Mißbrauch des trizyklischen Antidepressivums Doxepin berichtet (8). Nach den Interviews suchtkranker Probanden ergaben sich in den letzten Jahren 54 Fälle, in denen ein Mißbrauch von Aponal® berichtet wurde. Diese Meldungen veranlaßten die Arzneimittelkommission der deutschen Ärzteschaft zu einem entsprechenden Warnhinweis (1). Da jedoch unklar war, welcher Art der Mißbrauch ist, welches Ausmaß er hat und ob von einzelnen Substanzen ein besonderes Risiko ausgeht, wurde in einem anderen Arzneimittelüberwachungssystem an den psychiatrischen Kliniken der Universitäten Berlin, Göttingen und München (AMÜP-Projekt) dieser Frage nachgegangen (21). Es stellte sich heraus, daß Mißbrauch von Antidepressiva extrem selten ist. Bei lediglich 0,5 % aller Patienten mit Medikamentenmißbrauch und -abhängigkeit wurde im Rahmen des AMÜP-Systems ein Mißbrauch von Antidepressiva festgestellt. Dieser Mißbrauch bezog sich vor allem auf MAO-Hemmer, in einzelnen Fällen aber auch auf sedierende Antidepressiva. Ein isolierter Mißbrauch fand sich dabei aber weder bei Abhängigkeitskranken noch bei Patienten mit depressiven Störungen. Damit besteht ein deutlicher Unterschied zur Situation bei den Benzodiazepinen, wo eindeutige Fälle von primärer und isolierter Abhängigkeit bekannt sind.

Benzodiazepine und Amnesie

R. Dorow, D. Berenberg

Benzodiazepine gehören zu den meist verschriebenen psychotropen Arzneimitteln überhaupt und werden seit mehr als 25 Jahren zur Behandlung von Angstzuständen, Schlafstörungen, der Epilepsie sowie zur Vermeidung von präoperativem Streß und gegen Muskelverspannungen eingesetzt. Kurz nach Einführung von Diazepam als Prämedikation in der Anästhesie wurde über die ausgeprägte Amnesie vor allem nach intravenöser Gabe berichtet (10, 12). Obwohl bei operativen Eingriffen von Arzt und Patient durchaus erwünscht, ist die benzodiazepininduzierte Amnesie in anderen Anwendungsbereichen wie der anxiolytischen Behandlung und der Therapie von Schlafstörungen als unerwünschte Begleiterscheinung anzusehen. Es gilt als gesichert, daß zu den wesentlichen Nebenwirkungen der Benzodiazepine auf der kognitiven Ebene Gedächtnisstörungen zählen. Neben dem verständlichen Wunsch, den Mechanismus zu verstehen, wuchs das wissenschaftliche Interesse, als sich herausstellte, daß Benzodiazepinwirkungen auf das Gedächtnis in wesentlichen Eigenschaften organisch bedingten Amnesien gleichen (78).
Mit der Entdeckung der Benzodiazepinrezeptoren im Jahr 1977 hat sich die Erkenntnis über die molekulare Wirkungsweise der Benzodiazepine vertieft. Ihr Angriffspunkt und ihre modulierende Wirkung an dem GABA-Rezeptor/Chloridionenkanalkomplex machen die Benzodiazepine zu bisher einzigartigen Verbindungen in der Pharmakologie: Zum einen besitzen sie als Agonisten die oben erwähnten klinischen Eigenschaften, zum anderen sind sogenannte Inversagonisten bekannt, die ein spiegelbildliches Wirkungsprofil entfalten und z. B. Angst induzieren können (9, 16). Außerdem sind Antagonisten wie Flumazenil oder das ß-Carbolin ZK 93 426 verfügbar, die nur eine geringe Eigenwirkung besitzen, aber sowohl die Effekte der Agonisten wie der Inversagonisten aufheben können.
Desweiteren sind sogenannte Partialagonisten beschrieben worden, die aus dem gesamten Spektrum der Benzodiazepine nur gewünschte Teilwirkungen, z. B. Anxiolyse, ohne sedierende Eigenschaften entfalten (18, 57).
Im folgenden sollen die wesentlichen Wirkungen der Benzodiazepine auf die Gedächtnisfunktion des Menschen referiert und neuere Ergebnisse über die Eigenschaften der Benzodiazepinrezeptorliganden mit antagonistischen und inversagonistischen Teilwirkungen dargestellt werden.

Gedächtnismodelle

Zum Verständnis der folgenden Übersicht erscheint es wichtig, in Kürze einige Modelle und Theorien zur Arbeitsweise des Gedächtnisprozesses darzustellen. Die meisten Untersucher unterscheiden ein episodisches und ein semantisches Gedächtnis. Das semantische Gedächtnis meint das Allgemeinwissen und beinhaltet das „Weltwissen", die Sprache und möglicherweise das Verfahren und die Regeln im Umgang mit Information. Das episodische Gedächtnis birgt Information über gerade Ereignetes, über das Geschehen unmittelbar zuvor und Folgeereignisse, sowie über den allgemeinen Zusammenhang dieser Ereignisse. Erkrankungen und Medikamente beeinflussen diese beiden Gedächtnisformen unterschiedlich. So beeinträchtigt die Korsakoff'sche Erkrankung, wie die postenzephalitische Amnesie zur Gruppe der organischen Demenzen gehörend, nur das episodische Gedächtnis, während bei der senilen Demenz vom Alzheimer-Typ beide Gedächtnisformen gestört sind. Die meisten Untersuchungen mit Benzodiazepinen betreffen das episodische Gedächtnis.
Ein weiterer Ansatzpunkt der Gedächtnisforschung beschäftigt sich mit den zeitlichen Abläufen und den Eigenschaften der Informationsaufnahme und -verarbeitung. Auf den ersten Blick erscheint das Gedächtnis als funktionelle Einheit. Ein ausgewogenes Zusammenspiel verschiedener, miteinander korrespondierender Systeme scheint wahrscheinlicher, dessen Hauptaufgabe im Aufnehmen, Verarbeiten, Speichern und Wiederabrufen von Informationen besteht. Ein solches modulares Gedächtnismodell haben ATKINSON und SHIFFRIN (2) beschrieben (Abb. 1). Danach läßt sich der Gedächtnisprozeß aufteilen in ein sensorisches Register zur Informationsaufnahme, in das Kurzzeitgedächtnis (ein allgemeiner, mit limitierter Kapazität arbeitender Speicher von

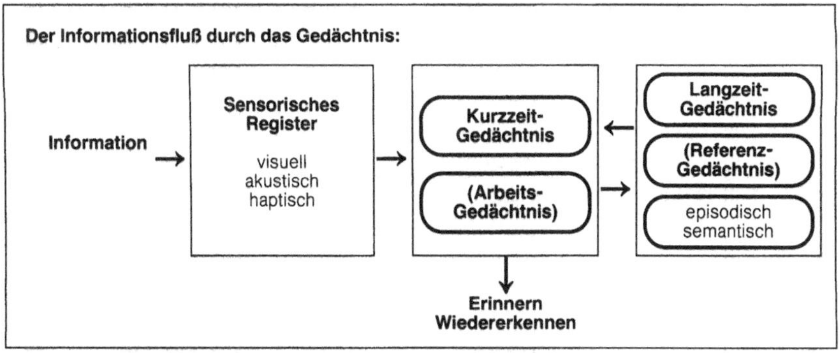

Abb. 1: Gedächtnismodell nach ATKINSON und SHIFFRIN (1971).

kurzer Dauer, in der Größenordnung von Sekunden bis Minuten) und in das Langzeitgedächtnis (ein permanenter Speicher von theoretisch unbegrenzter Kapazität und Dauer). Die Information durchläuft das Kurzzeitgedächtnis, um über lange Zeit gespeichert werden zu können. Dieses Modell hat bei Untersuchungen von Medikamentenwirkungen auf das Gedächtnis wesentlich die Fragestellung und den experimentellen Ansatz beeinflußt und sich bei der Interpretation von Ergebnissen bewährt.
Ein etwas umfassenderes, neueres Gedächtnismodell beschreibt BADDELEY (3, 4) mit der Aufteilung in ein Arbeits- und ein Referenzgedächtnis. Er beschreibt das Arbeitsgedächtnis als einen Zwischenspeicher mit begrenzter Kapazität, dem eine zentrale Kontroll- und Ausführeinheit der Informationsverarbeitung mit einer Vielzahl von unterrangigen Sklavensystemen zur Seite steht. Das Langzeitgedächtnis oder Referenzgedächtnis unterteilt BADDELEY — wie zuvor beschrieben — in einen semantischen und einen episodischen Teil.

Wirkungen von Benzodiazepinen auf das Gedächtnis

Aus Tierexperimenten und Untersuchungen beim Menschen ist bekannt, daß eine Reihe von Medikamenten und Drogen das Gedächtnis beeinflussen können. Prinzipiell sind zwei Richtungen der Veränderung möglich. Eine Beeinträchtigung der Gedächtnisleistung, die sich in den meisten Fällen einfach feststellen läßt, ist für eine Reihe von Verbindungen (z. B. bei Scopolamin oder den Benzodiazepinen) genau beschrieben worden (28). Gedächtnisfördernde Substanzen, die in vielen Fällen therapeutisch erwünscht wären, harren ihrer Entdeckung. Präparate, die als Gedächtnispillen verkauft werden, sind in ihrer Wirksamkeit fraglich.
Anekdotische Berichte und Publikationen belegen, daß in vielen Fällen eine einmalige Benzodiazepineinnahme zu Gedächtnisverlusten führte. So z. B. berichteten Transatlantik-Reisende, daß sie nach Einnahme eines Schlafmittels zwar gut geschlafen, jedoch am Ankunftsort nicht mehr gewußt hätten, wie sie dorthin gekommen waren („traveler's amnesia") (49, 73). Im folgenden sei deshalb eine kurze Übersicht über die Ergebnisse kontrollierter Studien zur Wirkung von Benzodiazepinen auf das Gedächtnis gegeben. Grundlage dafür sind im wesentlichen drei kürzlich erschienene Übersichtsarbeiten von LISTER (42), COLE (13) und CURRAN (15), sowie eigene Untersuchungen (17). Im Zeitraum von 1973 bis 1985 sind allein in der englischsprachigen Literatur über 90 Untersuchungen von Benzodiazepinen erschienen, die auf kontrollierten Studien mit statistischer Analyse beruhen (15). In dieser Aufzählung sind die vielen publizierten anekdotischen Berichte, Kommentare und Fallsammlungen nicht berücksichtigt. Wie sich allein aus der Vielzahl der Studien ablesen

läßt, sind die verschiedensten Fragen gestellt und unterschiedliche Methoden und Konditionen (z. B. Probandenstudien, Patienten in Prämedikation vor Narkose und Operation, Schlafstudien) angewandt worden. Von den in diesem Zusammenhang untersuchten siebzehn Benzodiazepinen beziehen sich die meisten Studien auf Diazepam und Lorazepam mit jeweils 29 (33 %) bzw. 24 (27 %), gefolgt von Flunitrazepam und Triazolam mit jeweils 6 Studien (7 %) (15). Methodisch verwendeten die meisten Untersucher Wortlisten unterschiedlichster Art (z. B. kategorisierte Worte im Buschke-Test) oder gepaarte Begriffe mit verschiedener Länge bzw. Anzahl von weniger als sechs bis mehr als dreißig Begriffen. Erinnern von Zahlen- und Konsonantenreihen sind andere häufig verwendete Untersuchungsmethoden (28). Schließlich wurde auch eine Reihe visueller Tests mit Bildern entweder als Vorlage (z. B. Postkarten) oder als Diapositive präsentiert (17, 24, 46).
Keine der Untersuchungen konnte vom Zeitpunkt der Benzodiazepingabe an eine eindeutige retrograde Verschlechterung des Gedächtnisses belegen. Deutlich beobachtet wurde hingegen immer eine anterograde Amnesie, d. h. Information nach Benzodiazepingabe präsentiert, konnte nicht oder nur unzureichend erinnert werden (s. Abb. 3). Nur in wenigen Fällen führte Prämedikation mit hohen Dosen und anschließender tiefer Anästhesie, bei der eine zerebrale Hypoxie nicht ausgeschlossen werden konnte, zu einem retrograden Gedächtnisverlust (46).
Die Art und Dauer der anterograden Amnesie hing ab von:

1. dem jeweiligen Benzodiazepin und seinen physikalisch-chemischen Eigenschaften (die unter anderem die Rezeptoraffinität und pharmakokinetische Parameter wie Durchgängigkeit der Bluthirnschranke, Proteinbindung und Verteilung im Fett beeinflussen),
2. der Dosis,
3. der Applikationsart (per os, parenteral oder intramuskulär),
4. dem jeweiligen Gedächtnistest,
5. der untersuchten Population (Probanden oder Patienten) und ihrer jeweiligen Charakteristik (z. B. Angst, Stress in der präoperativen Situation),
6. dem Zeitverlauf, d. h. zu welchem Zeitpunkt nach Benzodiazepingabe Information präsentiert bzw. wiederabgerufen wurde.

Einige Faktoren können die benzodiazepinverursachte Amnesie verstärken. Hier spielen vor allem das höhere Alter (59) mit möglicherweise zerebralen Vorschäden, die psychisch-körperliche Verfassung des Patienten, insbesondere bei Erschöpfungszuständen und Angst sowie ZNS-depressive Medikamente, wie z. B. Alkohol und die Barbiturate, eine wichtige Rolle. Schließlich sollte man auch daran denken, daß die Gedächtnisbeeinträchtigung in der Regel dem Patienten und seiner Umwelt nicht bewußt sind.

Wesen und Zeitverlauf der Amnesie unterschiedlicher Benzodiazepine

Der Zeitverlauf der anterograden Amnesie ist besonders ausführlich nach Diazepam beschrieben worden. Nach intravenöser Gabe in klinisch wirksamen Dosen (5 mg) setzte die Amnesie sehr schnell — nach zwei bis drei Minuten — ein, hatte ihre stärkste Wirkung etwa zehn Minuten nach Injektion und dauerte zwanzig bis dreißig Minuten an. Interessanterweise verlängerten hohe Dosen eher die Dauer als die Intensität des Gedächtnisverlustes (53). Intramuskuläre Gabe von Diazepam hatte eine schwächer ausgeprägte Amnesie zur Folge. Entsprechend der Kinetik nach oraler Gabe zeigte sich die gedächtnisbeeinträchtigende Wirkung von Diazepam erst nach dreißig bis sechzig Minuten und hielt auch länger, nämlich bis zu zwei Stunden nach Applikation, an.
Aus diesem Vergleich der Applikationsarten wird deutlich, daß der Zeitpunkt der Untersuchung eine wichtige Rolle spielt, Medikamentenwirkungen zu entdecken.
Auch Temazepam, Triazolam, Flurazepam und Flunitrazepam verursachen nach oraler Gabe deutlich amnestische Wirkungen (46, 65, 74). Triazolam in höheren Dosierungen (0,5 mg) zeigte neben der Amnesie eine Reihe von unerwarteten Nebenwirkungen wie Verwirrtheit, Angst und paranoide Vorstellungen (1, 8, 76). Es bleibt zu klären, ob diese Effekte zumindest teilweise auf eine Beeinträchtigung der kognitiven Funktionen zurückzuführen sind.
Ein weiteres Benzodiazepin — Lorazepam — ist für seine ausgeprägten gedächtnisbeeinträchtigenden Wirkungen bekannt. Sowohl nach oraler Gabe als auch nach intravenöser Applikation tritt die amnestische Wirkung verzögert ein und hält bis zu fünf Stunden an (11, 54).
Nach oraler Gabe von 0,5 bis 1,5 mg Lormetazepam hingegen, einem in dieser Dosis als Hypnotikum eingesetzten Methylderivat des Lorazepams, wurden keine amnestischen Wirkungen in Tests des Kurzzeitgedächtnisses beschrieben (40, 65, 74). Nach höheren oralen Dosen ($>$ 1,5 mg) und vor allem nach intravenöser Gabe sind jedoch auch für Lormetazepam amnestische Wirkungen bekannt (17, 51, 52, siehe auch Abb. 3). In einer Untersuchung von Roehrs und Mitarbeitern (65) wurden Probanden, die entweder Lormetazepam (1,5 mg), Flurazepam (30 mg) oder Temazepam (30 mg) in einem „Change-over Design“ zur Schlafenszeit erhielten und drei Stunden danach aufgeweckt wurden, einem komplexen Gedächtnistest unterzogen. Danach sollten die Probanden weitere fünfeinhalb Stunden schlafen. Während der Nacht, 15 Minuten nach Präsentation des Tests sowie am Morgen nach dem Aufwecken wurde das Wiedererinnern abgefragt. Die Ergebnisse sind in Abb. 2 dargestellt. Es zeigte sich, daß Lormetazepam auf die Gedächtnisfunktion in der nächtlichen Abfrage keinen Einfluß hatte, während sowohl Flurazepam als auch Temazepam deutliche amnestische Wirkungen zeigten. Während der Abfrage am

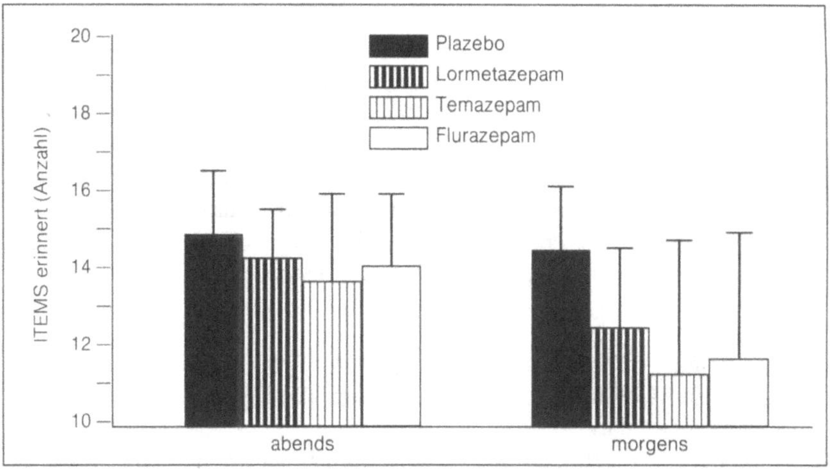

Abb. 2: Gedächtnisfunktion in der Nacht und am folgenden Morgen nach Einnahme von Lormetazepam (1,5 mg), Temazepam (30 mg), Flurazepam (30 mg) oder Plazebo (nach ROEHRS et al., 1984)

nächsten Morgen waren jedoch alle Probanden beeinträchtigt, die Benzodiazepine erhalten hatten. Interessanterweise korrelierten die nächtlichen Einschlafzeiten mit der amnestischen Wirkung der Benzodiazepine, ein Befund, der auf den möglichen Zusammenhang zwischen Sedierung und Amnesie deutet. Die Benzodiazepindosen waren so gewählt, daß keine Unterschiede in ihren Wirkungen auf das Schlafverhalten während der Gesamtnacht festgestellt werden konnten.

Einfluß der Gedächtnistests

Obwohl die Aufteilung in Kurz- und Langzeitgedächtnis eine Vereinfachung darstellt, ist sie nützlich, um Medikamenteneffekte zu beschreiben. Wird z. B. eine Wortliste mit einer Anzahl von Worten präsentiert und abgefragt, so werden diejenigen Wörter besser erinnert, die zuletzt genannt wurden. Das bessere Erinnerungsvermögen für die letzten Worte wird als Hinweis auf die Existenz eines Kurzzeitgedächtnisses gewertet. Benzodiazepine zeigen keine Wirkung auf das Wiedererinnern der zuletzt genannten Worte. Untersuchungen des Wiedererinnerns von kurzen Zahlenreihen zeigen ebenfalls keinen Einfluß der Benzodiazepine. Dies trifft zu für Zahlenfolgen und kurze Wortlisten von weniger als zehn und gilt als experimenteller Hinweis darauf, daß das

Kurzzeitgedächtnis durch Benzodiazepine nicht beeinflußt wird (28, 46, 47). Ausgehend von dem Gedächtnismodell von ATKINSON und SHIFFRIN (2) zeigen hingegen die Benzodiazepine eine deutliche Beeinträchtigung des Langzeitgedächtnisses. Um die Wirkungen der Benzodiazepine genauer zu analysieren, wird im folgenden der Gedächtnisprozeß nach drei Funktionen getrennt betrachtet: der Aufnahme, Speicherung und des Wiederabrufs von Information. Alle Untersucher sind sich darin einig, daß Benzodiazepine die Informationsaufnahme erschweren, ohne den Speicher selber oder den Informationsabruf aus dem Speicher wesentlich zu beeinflussen. Dabei scheint eher die Geschwindigkeit des Aufnahmeprozesses und nicht so sehr die Genauigkeit beeinträchtigt (15, 42).

Im allgemeinen trifft zu: Je schwieriger die Untersuchungsaufgabe, desto deutlicher tritt ein Medikamenteneffekt zutage. Für die Ergebnisse der Benzodiazepinstudien gilt, daß

1. Aufgaben, die die freie Erinnerung betreffen, sensitiver auf Benzodiazepinwirkungen sind als Wiedererkennungsaufgaben,
2. verbale Aufgaben empfindlicher als visuelle Tests sind.
3. Je länger das Intervall zwischen Informationsaufnahme und -wiedergabe war, um so größer war der Medikamenteneinfluß auf das Testergebnis.
4. Je weniger bedeutungsvoll und je weniger verständlich das zu erinnernde Material war, um so stärker war die Beeinträchtigung.

Die meisten Untersucher finden Benzodiazepineffekte bei unmittelbarer Wiedererinnerung, z. B. von Wortlisten, wenn diese mindestens zehn Begriffe enthalten, vorzugsweise 16 bis 24 Items. Außerdem sollen diese Worte nicht assoziierbar sein und Maximalleistungen nicht ohne weiteres erreicht werden können („ceiling effects", 26). In den meisten Tests, in denen Begriffe nach zehn Minuten bis hin zu einer Woche und länger abgefragt werden, sogenanntes „Späteres Erinnern", treten die amnestischen Wirkungen der Benzodiazepine deutlicher und einheitlicher hervor. Das gleiche gilt für Aufgaben, die sowohl das spätere Erinnern als auch das Wiedererkennen von Bildern beinhalten. Die Leistung des Langzeitgedächtnisses verschlechtert sich durch Benzodiazepine auch bei anderen Aufgaben, wie z. B. dem Buschke-Test oder den assoziierten Wortpaaren bzw. Worttriplets. Dabei scheint die Lernphase dieser Aufgaben stärker beeinflußt zu sein, als das anschließende Wiedererinnern der assoziierten Paare (50).

Information aus dem Langzeitspeicher des semantischen Gedächtnisses wird durch Benzodiazepine nicht beeinflußt, obwohl ihre sedierende Wirkung die Probanden langsamer auf das Abfragen reagieren läßt (30).

Diese amnestischen Effekte der Benzodiazepine können nicht durch eine Einschränkung der Wahrnehmung erklärt werden. Würde die Wahrnehmung beeinträchtigt, so müßte auch das Kurzzeitgedächtnis gestört sein. Möglicherweise beeinflussen die Benzodiazepine die Kodierungsstrategien. Untersuchungen von FRITH und Mitarbeitern (26) zeigen jedoch, daß beim Vergleich des Lernens von Gegenständlichem und Abstraktem, sowohl mit Plazebo als auch mit Diazepam behandelte Probanden das gegenständliche Material besser lernen konnten als das abstrakte. Da Diazepam keinen Einfluß auf die Gedächtnisinhalte hatte, schlossen die Autoren, daß Benzodiazepine die mnemonische Kodierung nicht verändern. Bisher ist es nicht gelungen, die genaue Wirkung der Benzodiazepine auf das Gedächtnis aufzuklären. Ein Problem dieser einfachen Modelle liegt darin, daß Faktoren, die den jeweiligen Zustand des Gedächtnisprozesses beeinflussen können, weitgehend unberücksichtigt bleiben. So werden z. B. der emotionale Zustand des Probanden, seine Motivation für die Aufgabe sowie sein Wachheitszustand, aber auch die Signalintensität und -qualität der dargebotenen Information nicht berücksichtigt.

Sedierung und Gedächtnis

Der Begriff „Sedierung" ist recht ungenau definiert, umschreibt eine Vielzahl von Eigenschaften, ohne mit einer Testbatterie oder gar einem einzelnen Verfahren erfaßbar zu sein (41). Die beeinträchtigende („sedierende") Wirkung der Benzodiazepine ist in einer Reihe von Tests, wie z. B. bei Messung von Reaktionszeiten, motorischen Leistungen oder Stimulusempfindlichkeit, nachgewiesen worden.
Sedierende Eigenschaften von Medikamenten wie auch Tagesmüdigkeit bei Testpersonen können die Aufnahme von Information und damit das Gedächtnis beeinträchtigen. Sind die sedierenden Eigenschaften der Benzodiazepine allein für die amnestischen Wirkungen verantwortlich, oder tritt die Amnesie auch unabhängig davon auf? Um diese Frage zu beantworten, sind Methoden gefragt, die allgemeine Veränderungen der Reaktionen und Leistungen von Wirkungen auf das Gedächtnis unterscheiden können und eine gleichzeitige Erfassung von Sedierung und Gedächtnisfunktion gestatten. Ein Ansatz hierfür spiegelt sich in den Untersuchungen wider, die versucht haben, Maße der Sedierung mit Gedächtnisleistung zu korrelieren. Während nach oraler Gabe von Diazepam oder Flunitrazepam die vom Untersucher erfaßte Sedierung einen Zusammenhang zur Gedächtnisleistung zeigte, fehlte dieser nach intravenöser Verabreichung. Unter Berücksichtigung der pharmakokinetischen Unterschiede entsprachen sich jedoch Amnesie und Sedierung nach p.o.- und i.v.-Gabe von Lorazepam (27, 46). Andere Untersucher fanden dagegen nach oraler Gabe von verschiedenen Lorazepamdosen keine solche Korrelation (54). Subjektive Erfassung der Sedierung — unabhängig davon, ob durch

Fremd- oder Eigenbeurteilung — ist durch methodenbedingte Nachteile nur beschränkt aussagekräftig, insbesondere wenn keine massiven Wirkungen beobachtet werden können oder das Urteilsvermögen durch den Wirkstoff selbst eingeschränkt wird. Deshalb wurden die subjektiven Beurteilungen vielfach durch operationalisierte Messungen, etwa der Reaktionsgeschwindigkeit oder der psychomotorischen Leistung ergänzt. PRESTON und Mitarbeiter (62) fanden eine Korrelation zwischen sedierender und amnestischer Wirkung von Lorazepam für den Fall, daß Sedierung mit subjektiven Messungen untersucht wurde. Messungen der Reaktionszeiten und der Klopfgeschwindigkeit zeigten jedoch keinen Zusammenhang zur Amnesie. Auch Experimente zum Antagonismus von Benzodiazepinen durch Flumazenil deuten auf Unterschiede zwischen beiden Größen. So wurde die sedierende, aber nicht die amnestische Wirkung von Diazepam nach Flumazenil-Gabe antagonisiert (35). Eigene Befunde (6) ergaben, daß nach intravenöser Gabe von Lormetazepam gefolgt von Flumazenil sowohl die amnestischen als auch sedierenden Eigenschaften vollständig aufgehoben wurden.

Die Diskrepanzen der hier diskutierten Ergebnisse mögen vielleicht darauf zurückzuführen sein, daß Messungen der Amnesie empfindlicher und einheitlicher auf Benzodiazepine ansprechen als Untersuchungsverfahren, die Sedierung erfassen.

STEPHENS und Mitarbeiter (72) erörtern eine weitere Hypothese für die amnestische Wirkung der Benzodiazepine. Neben ihrer Eigenschaft, psychomotorische Aufgaben zu beeinträchtigen, ist bekannt, daß Benzodiazepine den Verarbeitungsprozeß von Stimuli stören. Das Erkennen und die Auswahl miteinander konkurrierender Reize wird beeinträchtigt. Weiterhin könnte Sedierung bereits im Kurzzeitgedächtnis gespeicherte Informationen beeinflussen. Diese Vermutung kann besser anhand des BADDELEY'schen Modells des Arbeitsgedächtnisses erklärt werden (siehe „Gedächtnismodelle"). Das Arbeitsgedächtnis wird danach als ein System mit limitierter Kapazität verstanden, das durch eine aktive Komponente („central executive") kontrolliert wird. Das Kurzzeitgedächtnis wird also hier nicht nur als rein statischer Speicher verstanden, sondern berücksichtigt auch, daß die Information verwaltet werden muß. Nach diesem Modell stehen für Gedächtnisaufgaben mit großem Aufwand weniger Resourcen zur Verfügung, als für Aufgaben, die einen geringen Aufwand in der Verarbeitung bedeuten. Benzodiazepine üben ihre wesentliche Wirkung nicht auf die Genauigkeit des Erinnerns von kürzlich präsentierten Informationen aus, sondern reduzieren die Geschwindigkeit des Abrufs. Im Modell des Arbeitsgedächtnisses erklärt, verlangsamen Benzodiazepine den Verarbeitungsprozeß des Kurzzeitgedächtnisses, ohne die Kapazitäten zu verändern. Dies mag eine Rolle bei der Kodierung von Information aus dem Arbeitsgedächtnis in das Langzeitgedächtnis spielen, insbesondere wenn der entscheidende Schritt — die Informationsverarbeitung — nur eine begrenzte Kapazität hat. Verlangsamt man z. B. die Geschwindigkeit der Präsentation von Wortlisten, so wird der Abruf aus dem Langzeitgedächtnis verbessert, ohne daß die Aufnahme davor präsentierter Stimuli verändert wird (31). Dieser Befund spricht dafür, daß der Verarbeitungsprozeß von Information ins Langzeitgedächtnis leicht gesättigt wird, obwohl das Langzeitgedächtnis selbst eine große Kapazität besitzt. Auch MEWALDT et al. (47) haben die Verlangsamung des Kodierungsprozesses durch Benzodiazepine bestätigt. Nach Präsentation einer langen Wortliste wurden durch Diazepam die zuerst genannten Worte schlechter erinnert als die zuletzt aufgenommenen. Ferner fanden die Autoren, daß die Gedächtnisverschlechterung nach Diazepam um so größer war, je umfangreicher die Aufgaben wurden. STEPHENS und Mitarbeiter (72) schließen aus diesen Ergebnissen, daß Benzodiazepine möglicherweise über ihre sedierenden Wirkungen die Kapazität und Geschwindigkeit des Kodierungsprozesses beeinträchtigen.

Schlaf und Gedächtnis

Am Ende des Kontinuums Vigilanz steht der Schlaf. Seit langem besteht die Vorstellung, daß wir während des Schlafes kontinuierlich denken und träumen, obwohl dies von uns vergessen wird. Es gibt Hinweise, daß diese philosophischen Vorstellungen dem wissenschaftlichen Experiment standhalten. Schlaf und Traum sind notwendige Bestandteile für das Gedächtnis (39, 56). Nach den Weckversuchen von KALES et al. (38) sind der überwiegende Teil der erinnerten Träume an REM-(**r**apid **e**ye **m**ovements)Schlafstadien gebunden. Offenbar ist REM-Schlaf die beste neurophysiologische Bedingung zur Speicherung und zum Erinnern der Traumerlebnisse. Untersuchungen des Zusammenhangs zwischen Gedächtnisfunktion und REM-Schlaf zeigen, daß
1. REM-Schlafentzug das Gedächtnis beeinträchtigt,
2. der REM-Schlaf nach intensivem Lernen verändert wird,
3. Medikamente, wie z. B. die Benzodiazepine, sowohl die Gedächtnisfunktion als auch den REM-Schlaf beeinträchtigen.

So konnte z. B. gezeigt werden, daß REM-Schlaf nach intensivem Lernen neuer Fähigkeiten bei Menschen erhöht war. Während eines Intensivkurses für Sprachen hatten Probanden mit den besten Lernergebnissen erhöhte REM-Schlafanteile, während diejenigen, die ihre Fremdsprachenkenntnisse nicht verbesserten, keine REM-Schlafveränderungen zeigten (56). Andere Untersucher konnten die gegenseitige Beeinflussung von REM-Schlaf und Gedächtnis jedoch nicht bestätigen (zur Übersicht 39). Eine Reihe neurologischer Erkrankungen, die mit REM-Schlaf-Verlust einhergehen, zeigten hingegen keine Gedächtnisbeeinträchtigung. Auch war Gedächtnisverlust nicht mit REM-Veränderungen korreliert. Bei gesunden Probanden konnte gezeigt werden, daß Schlaf unmittelbar nach einer Lernaufgabe die Gedächtnisfunktion positiv beeinflußte, verglichen mit Probanden, die die gleiche Zeit wach blieben. Dieser Befund entspricht der retrograd gedächtnisfördernden Wirkung von sedierenden Substanzen wie den Benzodiazepinen oder Alkohol (17, 55, s. a. Retrograde „Verbesserung" des Gedächtnisses).

Langzeitbehandlung

Die meisten Untersuchungen beziehen sich auf akute Wirkungen der Benzodiazepine unter typischen standardisierten Laborbedingungen bei gesunden Probanden. Effekte nach chronischer Einnahme werden in solcher Situation selten untersucht, spielen jedoch eine entscheidende Rolle in der täglichen Praxis. Lucki und Mitarbeiter (43) fanden bei Angstpatienten, die chronisch (im Mittel über 5 Jahre) Benzodiazepine eingenommen hatten, nach akuter Gabe eines Benzodiazepins anterograd amnestische Wirkungen. Insbesondere die späte Erinnerung zuvor präsentierter Worte zeigte eine deutliche Verschlechterung nach dem Benzodiazepin. Interessanterweise ergab die gleichzeitige Bewertung der sedierenden Effekte durch psychometrische Verfahren, wie z. B. dem Zahlen-Symbol-Substitutionstest, daß bei Angstpatienten die sedierenden Eigenschaften mit andauernder Therapie der Toleranzentwicklung unterlagen, ohne daß die anxiolytische Wirksamkeit beeinträchtigt war. Als Ausgangspunkt wurden die gleichen Patienten Stunden nach Einnahme ihrer Medikation getestet. Sie zeigten trotz hoher Benzodiazepin-Plasmaspiegel keine Amnesie. Diese scheint bei der Patientengruppe nur kurz nach Einnahme erfaßbar zu sein. Patienten mit chronischer Diazepamvorbehandlung waren durch eine Testdosis Diazepam in ihrer Gedächtnisfunktion genauso verschlechtert wie zuvor unbehandelte Angstpatienten (44).
Ghoneim und Mitarbeiter (29) hingegen beobachteten bei gesunden Probanden nach dreiwöchiger Diazepambehandlung eine langsame Toleranzentwicklung der Gedächtnisbeeinträchtigung. Auch Pomara et al. (59) konnten bei alten Probanden eine deutliche Toleranzentwicklung gegen die Gedächtniswirkung von Diazepam feststellen. Es bleibt zu klären, ob diese Unterschiede auf unterschiedliche Probandenkollektive (Gesunde vs. Angstpatienten) oder Testverfahren zurückzuführen sind. In weiteren Studien ist zu klären, ob eine längere Behandlungsdauer die akuten Wirkungen der Benzodiazepine abzuschwächen vermag.

Retrograde „Verbesserung“ des Gedächtnisses

Ein Befund, der besondere Beachtung verdient, ist die Beobachtung, daß Benzodiazepine retrograd die Gedächtnisleistung verbessern, d. h. Information, die *vor* Gabe des Wirkstoffs präsentiert wurde, wird besser erinnert. Diese scheinbar „promnestischen" Eigenschaften wurden kürzlich für eine Reihe von Benzodiazepinen nach oraler Einnahme von Lormetazepam und Flunitrazepam (40, 52), Diazepam (34) und Alkohol (45, 55) berichtet (Abb. 3B). Eigene Untersuchungen (17) ergaben im Vergleich zu Kochsalzinjektion deutlich retrograd eine Verbesserung des späteren Erinnerns von Bildern, die vor intravenösem Lormetazepam gezeigt wurden. Der Benzodiazepinantagonist Flumazenil 15 Minuten später gegeben, hob diesen retrograden Effekt teilweise wieder auf. Im Gegensatz zu diesen Ergebnissen konnten andere Arbeitsgruppen zeigen (34, 45, 55), daß sich die Gedächtnisleistung verbessert, unabhängig davon, ob das Material visuell oder verbal präsentiert wurde.
Für die Verbesserung des Erinnerns an die vor Benzodiazepingabe präsentierte Information bietet sich eine Reihe von Hypothesen an. Die wahrscheinlichste Erklärung ist die, daß benzodiazepinbehandelte Probanden mehr von den vor der Behandlung präsentierten Informationen im Gedächtnis behalten, weil sie in dem der Injektion folgenden Zeitraum sehr wenig Information aufnehmen bzw. lernen können. Diese „Abschirmung“ erlaubt eine bessere Verarbeitung der alten Information. Nach Postmann (60, 61) ist somit eine wesentlich störende Quelle stark vermindert, die retroaktiv mit der Konsolidierung von Gedächtnisinhalten interferieren kann. Benzodiazepine können also die Intensität der ins Arbeitsgedächtnis vordringenden neuen Information abschwächen. Das hätte zur Folge, daß sich die Informationen vor Benzodiazepingabe mit geringeren Störungen durch nachfolgende Informationen während der Konsolidierungsphase besser einprägen könnten. Eine andere Erklärung dieses Phänomens geht davon aus, daß die „Gedächtnisspur“ neuer Information während ansteigender Benzodiazepinspiegel besser konsolidiert werden kann. Diese Interpretation wurde vor allem für die Alkoholeffekte gegeben (55), aber auch von Hinrichs et al. (34) für die retrograden Wirkungen nach oraler Benzodiazepingabe in Betracht gezogen.
Eine andere Erklärung haben Mann und Mitarbeiter (45) für die retrograden Alkoholwirkungen gegeben. Sie vermuteten, daß die Gedächtnisverbesserungen durch den Einfluß auf spezifische Belohnungssysteme im Gehirn bewirkt werden, wie sie bei Opiaten in Tierstudien gefunden wurden (48). Solche Verstärkermechanismen scheinen in der vorliegenden Untersuchung weniger wahrscheinlich, da die meisten Probanden völlig benzodiazepinunerfahren waren. Zudem besitzen die Benzodiazepine zumindest nach einmaliger Gabe bekanntlich kein Abhängigkeitspotential. Auch in Tierexperimenten erwiesen

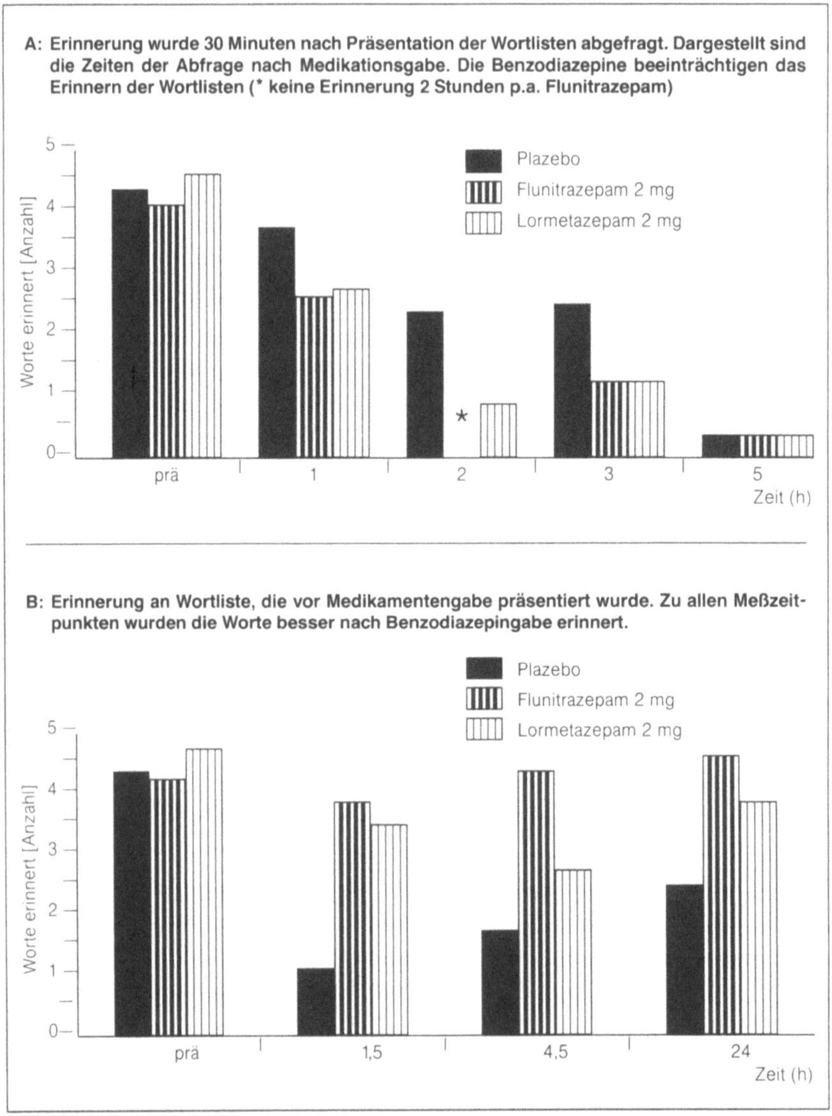

Abb. 3 Antero- (A) und retrograde (B) Wirkungen von Benzodiazepinen auf das Gedächtnis. Dargestellt ist die Anzahl erinnerter Worte (Mittelwerte von n = 10 männlichen Probanden pro Gruppe) vor und nach Gabe von Flunitrazepam (2 mg), Lormetazepam (2 mg) oder Plazebo (nach Ott et al., 1988).

sich die Benzodiazepine nur als sehr schwache Abhängigkeitsverhalten induzierende Substanzen (32).
Hinrichs und Mitarbeiter (34) gehen davon aus, daß benzodiazepinbehandelte Probanden sich im Vergleich zu unbehandelten Probanden mehr anstrengen müssen, um vor Behandlung gegebene Informationen zu erinnern. Sie könnten daher relativ mehr Zeit und Mühen für den Abruf von Worten aus der Zeit vor der Medikamentengabe aufbringen. Plazebobehandelte Individuen mit unbeeinflußtem Gedächtnis müssen hingegen ihre Erinnerungsanstrengungen zwischen der Information vor und nach Behandlung teilen und könnten möglicherweise die zuletzt dargebotene Information bevorzugen.
Im allgemeinen wird angenommen, daß die Zustandsabhängigkeit der Informationsaufnahme bei Gedächtnisprozessen eine Bedeutung hat. In Untersuchungen der Zustandsabhängigkeit werden Probanden in einem bestimmten medikamenten- oder umweltbedingten Zustand mit Informationen versehen. Anschließend wird das Gedächtnis für diese Information in dem gleichen oder einem anderen Zustand untersucht. Typischerweise ist die Erinnerung besser, wenn Probanden in demselben Zustand oder Zusammenhang getestet werden, in dem die Information ursprünglich aufgenommen wurde (25). In diesem Zusammenhang haben Ghoneim et al. (30) und Hinrichs et al. (34) einen Ansatzpunkt für eine weitere mögliche Erklärung der retrograden Gedächtnisverbesserung gesehen.
Schließlich wurde noch eine weitere Hypothese für die Verbesserung der Gedächtnisleistung von „alter“ Information von Ott et al. (52) diskutiert. Diese Autoren vertreten die Ansicht, daß möglicherweise die beginnenden Benzodiazepineffekte („Anflutungsgefühl“) eine reaktive Zunahme von Spannung und Wachheit hervorrufen. Dieser Zustand würde die Akquisition neuer Information begünstigen. Diese Erklärung scheint aus zwei Gründen eher unwahrscheinlich: Zum einen lenkt das Anflutungsgefühl die Aufmerksamkeit von dem Gedächtnistest ab, wie dies eigene Studien mit hohen intravenösen Benzodiazepindosen gezeigt haben (7). Außerdem könnte eine reaktive Anspannung nicht die Aufhebung der Benzodiazepinwirkung durch Flumazenil erklären, die eher für einen spezifischen benzodiazepinrezeptorvermittelten Effekt spricht.

β-Carboline und Gedächtnis

Wie eingangs erwähnt, ging die Entdeckung des Benzodiazepinrezeptors einher mit der Erkenntnis, daß der inhibitorische Neurotransmitter GABA an seinem Rezeptor eine Stelle besitzt, die modulierend auf die GABA-Wirkung Einfluß nimmt. Benzodiazepine verstärken die inhibitorische Wirkung von

GABA. Es konnte gezeigt werden, daß andere benzodiazepinrezeptorbindende Wirkstoffe wie das β-Carbolin β-CCE (β-Carbolin-Carboxylsäure-Ethylester) die GABA-Wirkung abschwächen können. Dies bedeutete, daß solche Liganden im Gegensatz zu den anxiolytischen, antikonvulsiven, muskelrelaxierenden, sedierenden Wirkungen der Benzodiazepine konvulsive, Angst induzierende und den Muskeltonus steigernde Wirkungen zeigen. Zieht man auch die gedächtnisbeeinträchtigende Wirkung der Benzodiazepine in Betracht, so kann durch einen einfachen Analogieschluß erwartet werden, daß β-Carboline mit inversagonistischen Eigenschaften die kognitiven Funktionen verbessern könnten. Eine Reihe tierexperimenteller Befunde (67, 77) konnten in der Tat diese Erwartung bestätigen. In humanpharmakologischen Untersuchungen konnte gezeigt werden, daß der Benzodiazepinrezeptorantagonist ZK 93 426 ein β-Carbolin mit sehr schwach ausgeprägten inversagonistischen Eigenschaften nicht nur die benzodiazepininduzierten sedierenden und amnestischen Wirkungen aufheben kann, sondern auch in einem visuellen Gedächtnistest anterograd die kognitiven Funktionen verbessern konnte (20, 21, 22). Es blieb bei diesen Studien unklar, ob die Verbesserung der Erinnerung durch eine Steigerung der Vigilanz hervorgerufen würde. Ähnlich wie der Benzodiazepinantagonist Ro 15-1788 kann ZK 93 426 die Tagesmüdigkeit reduzieren. Diese EEG-Ergebnisse konnten durch Untersuchungen, bei denen kontinuierlich die Aufmerksamkeit von Probanden getestet wurde, bestätigt werden. Sowohl die auditive wie visuelle Vigilanz waren erhöht (Duka, persönliche Mitteilung). Es bleibt abzuwarten, ob diese Wirkungen bei gesunden Probanden auch bei Patienten gefunden werden können. Eine weitere Frage ist, ob diese Wirkungen auch nach chronischer Gabe aufrechterhalten werden.
Die Überlegungen nach dem Ort der Wirkung von Benzodiazepinrezeptorliganden auf die kognitiven Funktionen sind auf der Grundlage kürzlich erhobener Befunde über das Vorkommen von Benzodiazepinrezeptoren in der inneren plexiformen Schicht der Retina neu zu bewerten (63). Robbins und Ikeda fanden, daß Flurazepam und Midazolam intravenös bei Versuchstieren appliziert, sowohl die lichtevozierte als auch die spontane Entladung der Neuronen des optischen Traktes hemmten. Als Folgen waren die Lichtintensität und die temporale Auflösung des Signals reduziert. Flumazenil bewirkte das Gegenteil, d. h. erhöhte Lichtsensitivität, ohne jedoch die temporale Auflösung zu beeinflussen (64).

Zusammenfassend hinterlassen die Befunde eine Reihe offener Fragen.
1. Wird der anterograde gedächtnisfördernde Effekt von ZK 93 426 durch die stimulierende, aktivierende, zentrale Wirkung auf die Vigilanz bewirkt?
2. Sind diese Wirkungen durch einen anderen direkten Prozeß bei der Informationsaufnahme bedingt?

3. Inwieweit sind Benzodiazepinrezeptorliganden mit antagonistischen Eigenschaften geeignet, kognitive Beeinträchtigung, wie sie z. B. bei Patienten mit Morbus Alzheimer auftreten, zu bessern (67)?

Eine andere Klasse der β-Carboline, die sogenannten Partialagonisten, versprechen aufgrund ihrer Teilwirkung Anxiolytika und Antiepileptika hervorzubringen, die keine amnestischen Wirkungen mehr aufweisen (19). Diese Verbindungen besitzen nach tierexperimentellen Befunden noch hohe anxiolytische und antikonvulsive Potenz, ohne wesentliche sedierende Wirkungen (37).

Literatur

1 Adam K, Oswald I. Can a rapidly-eliminated hypnotic cause daytime anxiety? Pharmacopsychiatry 1989, 22: 115—119.

2 Atkinson RC, Shiffrin RM. The control of short-term memory. Sci Am 1971, 224: 82—90.

3 Baddeley AD. Implications of neuropsychological evidence for theories of normal memory. Philos Trans R Soc Lond 1982, B 298: 59—72.

4 Baddeley AD. The psychology of memory. Harper and Row: London. 1985.

5 Baddeley AD. Cognitive psychology and human memory. In: TINS 1988, 11: 176—181.

6 Berenberg D, Dorow R, Duka T, Sauerbrey N. Benzodiazepine receptor ligands: tools for memory research in clinical pharmacology. In: Hindmarch I, Ott H (Hrsg). Benzodiazepine receptor ligands, memory and information processing. Springer Verlag: Berlin 1988.

7 Berenberg D. Die amnestische Wirkung von Lormetazepam und deren Aufhebung durch den Benzodiazepinantagonisten Ro 15—1788. Med. Diss., Freie Universität Berlin 1988.

8 Bixler EO, Kales A, Brubaker BH, Kales JD. Adverse reactions to benzodiazepine hypnotics. Spontaneous Reporting System. Pharmacology 1987, 35: 286—300.

9 Braestrup C, Schmiechen R, Neef G, Nielsen M, Petersen EN. Interaction of convulsive ligands with benzodiazepine receptors. Science 1982, 216: 1241—1243.

10 Brown SS, Dundee JW. Clinical studies of induction agents XXV: Diazepam. Br J Anaesth 1968, 40: 108—112.

11 Brown JM, Brown JB, Bowes JB. Effects of lorazepam on rate of forgetting, on retrieval from semantic memory and on manual dexterity. Neuropsychologia 1983, 21: 501—512.

12 Clarke PRF, Eccersley PS, Frisby JP, Thornton JA. The amnesic effect of diazepam (Valium). BR J Anaesth 1970, 42: 690—697.

13 Cole SO. Effects of benzodiazepines on acquisition and performance: A critical assessment. Neuroscience & Biobehavioural Reviews 1986, 10: 265—272.

14 Craik FIM. On the transfer of information from temporary to permanent memory. Philos Trans R Soc Lond (Biol) 1973, 302: 341—359.

15 CURRAN HV. Tranquilising memories: A review of the effects of benzodiazepines on human memory. Biol Psychol 1986, 23: 179—213.
16 DOROW R, HOROWSKI R, PASCHELKE G, AMIN M, BRAESTRUP C. Severe anxiety induced by FG 7142, a β-carboline ligand for benzodiazepine receptors. Lancet 1983, II: 98—99.
17 DOROW R, BERENBERG D, DUKA T, SAUERBREY N. Amnestic effects of lormetazepam and their reversal by the benzodiazepine antagonist Ro 15—1788. Psychopharmacology 1987 a, 93: 507—514.
18 DOROW R, DUKA T, SAUERBREY N, HÖLLER L. β-carbolines: New insights into the clinical pharmacology of benzodiazepine ligands. In: Dahl S, Gram LF, Paul SM, Potter WZ (Hrsg). Clinical pharmacology in psychiatry: Selectivity in psychotropic drug action — promises or problems. Springer Verlag: Berlin 1987 b, 37—51.
19 DOROW R, DUKA T, HÖLLER L, SAUERBREY N. Clinical perspectives of β-carbolines from first studies in humans. Brain Res Bull 1987 c, 19: 319—326.
20 DUKA T, STEPHENS DN, KRAUSE W, DOROW R. Psychotropic activity of the benzodiazepine receptor antagonist β-carboline, ZK 93 426, in human volunteers. Psychopharmacology 1987, 93: 421—427.
21 DUKA T, EDELMANN V, SCHÜTT B, DOROW R. β-carbolines as tool in memory research: human data with the β-carboline ZK 93 426. In: Hindmarch I, Ott H (Hrsg). Benzodiazepine receptor ligands, memory and information processing. Springer Verlag: Berlin 1988.
22 DUKA T, GOERKE D, DOROW R, HÖLLER L, FICHTE K. Human studies on the benzodiazepine receptor antagonist β-carboline ZK 93 426: antagonism of lormetazepam's psychotropic effects. Psychopharmacology 1988, 95: 463—471.
23 DUKA T, STEPHENS DN, DOROW R. Cognitive enhancing properties of antagonist β-carbolines: new insights into clinical research on the treatment of dementias? In: (im Druck).
24 DUNDEE JW, GEORGE DA. The amnesic action of diazepam, flunitrazepam and lorazepam in man. Acta Anaesthesiol Belg 1976, 27: 3—11.
25 EICH JE. The cue-dependent nature of state-dependent retrieval. Memory and Cognition 1980, 8: 157—175.
26 FRITH DC, RICHARDSON JTE, SAMUEL M, CROW TJ, MCKENNA PJ. The effects of intravenous diazepam and hyoscine upon human memory. Q J Exp Psychol 1984, 36A: 133—144.
27 GEORGE KA, DUNDEE JW. Relative amnesic actions of diazepam, flunitrazepam and lorazepam in man. Br J Clin Pharmacol 1977, 4: 45—50.
28 GHONEIM MM, MEWALDT SP. Effects of diazepam and scopolamine on storage, retrieval and organizational processes in memory. Psychopharmacology 1975, 44: 257—262.
29 GHONEIM MM, MEWALDT SP, BERRIE JL, HINRICHS JV. Memory and performance effects of single and three weeks administration of diazepam. Phsychopharmacology 1981, 73: 147—151.
30 GHONEIM MM, HINRICHS JV, MEWALDT SP. Dose-response analysis of the behavioural effects of diazepam: I. Learning and Memory. Psychopharmacology 1984, 82: 291—295.
31 GLANZER M, CUNITZ AR. Two storage mechanisms in free recall. J Verb Learn Verb Behav 1966, 5: 351—360.
32 GRIFFITHS RR, LAMB RR, ATOR NA, ROACHE JD, BRADY JV. Relative abuse lability of

triazolam: Experimental assessment in animals and humans. Neurosci Biobehav Rev 1985, 9: 133—151.
33 HIGGIT A, LADER M, FONAGY P. The effects of benzodiazepine antagonist Ro 15—1788 on psychophysiological performance and subjective measures in normal subjects. Psychopharmacology 1986, 89: 2395—403.
34 HINRICHS JV, GHONEIM MM, MEWALDT SP. Diazepam and memory: retrograde fascilitation produced by interference reduction. Psychopharmacology 1984, 84: 158—162.
35 HOMMER DW, BREIER A, PAUL SM, DAVIS M, WEINGARTNER H. Ro 15—1788, a specific benzodiazepine antagonist, blocks the sedative, anxiolytic and attentional but not amnestic effects of diazepam in humans. Abstracts of the 25. ACNP Annual Meeting 1986, 204.
36 IKONOMIDOU C, TURSKI LA, KLOCKGETHER T, SCHWARZ M, SONTAG KH. Effect of methyl β-carboline-3-carboxylate, Ro 15—1788 and CGS 8216 on muscle tone in genetically spastic rats. Eur J Pharmacol 128: 1—7, Psychopharmacology 1985, 89: 395—403.
37 JENSEN LH, PETERSEN EN, BRAESTRUP C, HONORE T, KEHR W, STEPHENS DN, SCHNEIDER HH? SEIDELMANN D, SCHMIECHEN R. Evaluation of the β-carboline ZK 93 426 as a benzodiazepine receptor antagonist. Psychopharmacology 1984, 83: 249—256.
38 KALES A, HOEDEMAKER FS, JACOBSON A, KALES JD, PAULSON MJ, WILSON TE: Mentation during sleep: REM und NREM recall reports. Percept Mot Skills 1967, 24: 555—560.
39 KOELLA WP. Die Physiologie des Schlafes. Gustav Fischer Verlag: Stuttgart 1988.
40 KUBICKI S, ROHLOFF A, OTT H, FICHTE K. Vigilanz und Amnesie nach Benzodiazepingabe. Neurophysiologische und pharmakopsychologische Aspekte. In: Schulte AM Esch (Hrsg). Benzodiazepine in Anaesthesie und Intensivmedizin. Roche: Basel 1986.
41 LINNOILA M, GUTHRIE S, LISTER R. Mechanisms of drug-induced impairment of driving. In: O'Hanlon JF, de Gier JJ (Hrsg). Drugs and driving. Taylor & Francis: London 1986, 29—49.
42 LISTER RG. The amnestic action of benzodiazepines in man. Neurosci Biobehav Rev 1985, 9: 87—94.
43 LUCKI I, RICKELS K, GELLER AM. Chronic use of benzodiazepines and psychomotor and cognitive test performance. Psychopharmacology 1986, 88: 426—433.
44 LUCKI I, RICKELS K. The effect of anxiolytic drugs on memory in anxious subjetcs. In: Hindmarch I, Ott H (Hrsg). Benzodiazepine receptor ligands, memory and information processing, psychometric, psychopharmacological and clinical issues. Psychopharmacology. Springer Verlag 1988, 128—139.
45 MANN RE, CHO-YOUNG J, VOGEL-SPROTT M. Retrograde enhancement by alcohol of delayed free recall performance. Pharmacol Biochem Behav 1984, 20: 639—642.
46 MCKAY AC, DUNDEE JW. Effect of benzodiazepines on memory. BR J Anaesth 1980, 52: 1247—1257.
47 MEWALDT SP, HINRICHS JV, GHONEIM MM. Diazepam and memory: support for a duplex model of memory. Memory and Cognition 1983, 11: 557—564.
48 MONDADORI C, WASER PG. Fascilitation of memory processing by post-trial morphine: Possible involvement of reinforcement mechanisms. Psychopharmacology 1979, 63: 297—300.

49 MORRIS HH, ESTES ML. Traveler's amnesia. Transident global amnesia secondary to triazolam. JAMA 1987, 258: 945—946.
50 O'BOYLE C, LAMBE R, DARRAGH A, TAFFE W, BRICK I, KENNY M. Ro 15—1788 antagonizes the effects of diazepam in man without affecting its biovailability. Br J Anaesth 1983, 55: 349—356.
51 OTT H, HEMMERLING KG, KUGLER J, SUTTMANN H, DOENICKE A, TESCH C, STRÄSSNER G. Amnestische Begleitwirkungen nach i.v.-Gabe von Lormetazepam und Flunitrazepam. In: Doenicke A, Ott H (Hrsg). Anaesthesiologie und Intensivmedizin. Springer Verlag: Berlin 1980, 13.1.—13.10.
52 OTT, H, ROHLOFF A, AUFDEMBRINKE B, FICHTE K. Anterograde and retrograde amnesia after lormetazepam and flunitrazepam. In: Hindmarch I, Ott H (Hrsg). Benzodiazepine receptor ligands, memory and information processing, psychometric, psychopharmacological and clinical issues. Psychopharmacology. Springer Verlag 1988.
53 PANDIT SK, DUNDEE JW, KEILTY SR. Amnestic studies with intravenous premedication. Anaesthesia 1971, 26: 421—428.
54 PANDIT SK, HEISTERKAMP DV, COHEN PJ. Further studies of the anti-recall effect of lorazepam: a dose-time-effect relationship. Anaesthesiology 1976, 45: 495—500.
55 PARKER ES, BIRNBAUM IM, WEINGARTNER H, HARTLEY JT, STILLMAN RC, WYATT RJ. Retrograde enhancement of human memory with alcohol. Psychopharmacology 1980, 69: 219—222.
56 PARKES JD. Sleep and its disorders. Saunders Company: London 1985.
57 PETERSEN EN, JENSEN LH, HONORÉ T, BRAESTRUP C, KEHR W, STEPHENS DN, WACHTEL H, SEIDELMANN D, SCHMIECHEN R. ZK 91 296, a partial agonist at benzodiazepine receptors. Psychopharmacology 1984, 83: 240—248.
58 POLC P, BONETTI EP, SCHAFFNER R, HAEFELY W. A three-state model of the benzodiazepine receptor explains the interactions between the benzodiazepine antagonist Ro 15-1788, benzodiazepine tranquilizers, β-carbolines and phenobarbitone. Naunyn-Schmiedeberg's Arch Pharmacol 1982, 321: 260—264.
59 POMARA N, DEPTULA D, MEDEL M, BLOCK RI, GREENBLATT DJ. Effects of diazepam of recall memory. Relationship to aging, dose an duration of treatment. Psychopharmacology Bulletin 1989, 25: 144—148.
60 POSTMANN L. Transfer, interference and forgetting. In: King JW, Riggs LA (Hrsg). Woodworth and Schlosberg's experimental psychology: Learning, memory and motivation, Vol 2. Holt Rinehart and Winston: New York 1972: 1019—1132.
61 POSTMANN L. Interference theory revisited. In: Brown J (Hrsg). Recall and recognition. Wiley: New York 1976: 157—181.
62 PRESTON GC, WARD CE, BROKS P, TRAUB M, STAHL SM. Effects of lorazepam on memory, attention and sedation in man: antagonism by Ro 15-1788. Psychopharmacology 1988, 97: 222—227.
63 ROBBINS J, IKEDA H. Benzodiazepines and the mammalian retina. I. Autoradiographic localisation of receptor sites and the lack of effect on the electroretinogram. Brain Res 1989 a, 479: 313—322.
64 ROBBINS J, IKEDA H. Benzodiazepines and the mammalian retina. II. Actions on retinal ganglion cells. Brain Res 1989 b, 479: 323—333.
65 ROEHRS T, MCLENAGHAN A, KOSHOREK G, ZORICK F, ROTH T. Amnestic effects of lormetazepam. Psychopharmacology (Suppl. 1) 1984, 84: 165—172.

66 SARTER M. β-carbolines as tools in memory research: Animal data and speculations. In: Hindmarch I, Ott H, Roth T (Hrsg). Benzodiazepine receptor ligands: Memory and information processing. Psychopharmacology. Springer Verlag 1987.
67 SARTER M, SCHNEIDER HH, STEPHENS DN. Treatment strategies for senile dementia: antagonist β-carbolines. TINS 1988, 11: 13—17.
68 SCHARF MB, KHOSLA N, BROCKER N, GOFF P. Differential amnestic properties of short- and long-acting benzodiazepines. J Clin Psychiatry 1984, 45: 51—53.
69 SCHARF MB, KAUFFMAN R, BROWN L, SEGAL JJ, HIRSCHOWITZ J. Morning amnestic effects of triazolam. J Clin Psychiatry 1986, 8: 38—44.
70 SCHÖPF J, LAURIAN S, LE PK, GAILLARD JM. Intrinsic activity of the benzodiazepine antagonist Ro 15-1788 in man: an electrophysiological investigation. Pharmacopsychiatry 1984, 17: 79—83.
71 SCHRATZER M, BISCHOFF RC. Anterograde Amnesie nach i.v.-Applikation von Benzodiazepinen. Vortrag, 26. Tagung experimentell arbeitender Psychologen. Nürnberg 1984.
72 STEPHENS DN, DUKA T, ANDREWS J. Benzodiazepine, β-carbolines and memory. In: Weinheim J, Hunter J. Memory: Neurochemical and abnormal perspectives. Harwood Academic Publishers GmbH: London 1990 (im Druck).
73 SHADER RI, GREENBLATT DJ. Triazolam and anterograde amnesia: All is not well in the Z-Zone. J Clin Pharmacol 1983, 3: 273.
74 SUBHAN Z, HINDMARCH I. Assessing residual effects of benzodiazepines on short-time memory. Pharmaceut Med 1984, 1: 27—32.
75 SUBHAN Z. The effects of benzodiazepines on short-term memory an information processing. Psychopharmacology 1984, 84 (Suppl. 1): 173—181.
76 VAN DER KROEF C. Reactions to triazolam. Lancet 1979, II: 526.
77 VENAULT P, CHAPOUTIER G, DE CARVALHO LP, SIMIAND J, MORRE M, DODD RH, ROSSIER J. Benzodiazepine impairs and β-carboline enhances performance in learning and memory. Nature 1986, 321: 864—866.
78 WEINGARTNER H. Models of memory dysfunctions. Ann NY Acad Sci 1985, 444: 359—369.
79 WOLKOWITZ OM, WEINGARTNER H, THOMPSON K, PICKAR D, PAUL SM, HOMMER DW. Diazepam-induced amnesia: A neuro-pharmacological model on an „organic amnestic syndrome“. Am J Psychiatry 1987, 144: 25—29.

Diskussion Dorow

Frage:
Gibt es Unterschiede in der Häufigkeit des Auftretens amnestischer Ereignisse bei den verschiedenen Benzodiazepinderivaten? Wie hoch muß die Dosis sein, und wie lange nach der Einnahme hält dieser Zustand an, und wie wirkt sich zusätzlicher Alkoholgenuß aus?

Dorow:
Zur Beantwortung der Frage nach der Häufigkeit des Auftretens von Amnesien möchte ich auf eine Arbeit von Bixler et al. aus dem Jahre 1987 verweisen.
In dieser Arbeit wurden Nebenwirkungsmeldungen, zu den drei Benzodiazepinen Flurazepam, Temazepam und Triazolam ausgewertet.
Die Daten stammen aus dem spontanen Meldesystem, das von der amerikanischen Gesundheitsbehörde (FDA) unterhalten wird.
Nach diesen Daten wurden für Triazolam am häufigsten amnestische Episoden gemeldet. Die Amnesie dauerte bis zu 24 Stunden.
In diesem Zusammenhang möchte ich auch an die Risikoermittlung des Bundesgesundheitsamtes bei ultrakurz wirksamen Benzodiazepinen erinnern. Diesen Ermittlungen lagen unter anderem häufigere Meldungen über eine Beeinflussung der Gedächtnisleistungen zugrunde.
Die Dauer und der Schweregrad der Gedächtnisbeeinträchtigung hängen, wie oben ausgeführt, sowohl von der Dosis der verwendeten Substanz wie auch vom Alter und von der psychischen Verfassung des Patienten ab.
Alkoholgenuß während dieses Zeitraums führt zu einer Wirkungsverstärkung.

Frage:
Es ist allgemein bekannt, daß in der Prodromalphase des Alkoholismus die Patienten über Blackouts klagen.
Liegen diesen Erinnerungslücken die gleichen neurobiologischen Mechanismen zugrunde wie den Amnesien bei Benzodiazepinen?

Dorow:
Es wird vermutet, daß ein Teil der Alkoholwirkungen über den Benzodiazepin-Gaba-Rezeptor-Komplex vermittelt wird. Akute Alkoholwirkungen, so z. B. auch amnestische Episoden, könnten aufgrund ähnlicher Wirkungen wie die der Benzodiazepine zustande kommen. Nach chronischem Abusus sind jedoch auch toxische Wirkungen des Alkohols mit Zelluntergang im ZNS bekannt. Diese meist irreversiblen Schäden können zu massiven Gedächtnisverlusten und Wesensveränderungen führen (Korsakow'sche Erkrankung). Interessanterweise ähneln die reversiblen anterograden Amnesien nach

Benzodiazepinen den Gedächtnisbeeinträchtigungen bei Patienten mit der Korsakow'schen Erkrankung.

Frage:
Wie beurteilen Sie die gedächtnisverbessernden Effekte der im Handel befindlichen Nootropika?

Dorow:
Die gedächtnisverbessernden Wirkungen von Nootropika sind umstritten. Bei gesunden Probanden lassen sich in speziellen Untersuchungen manchmal Gedächtnisverbesserungen nachweisen. Bei Patienten mit schweren Gedächtnisstörungen wie z. B. der senilen Demenz vom Alzheimer-Typ zeigen die bisher im Handel befindlichen Substanzen keine anhaltenden befriedigenden Ergebnisse.

Anhang

Verzeichnis von Schlafambulanzen und Schlaflaboratorien mit der Möglichkeit der polysomnographischen Schlafdiagnostik

Bundesrepublik Deutschland + DDR

Berlin (West)

DRK-Krankenhaus „Mark Brandenburg,
Abt. Drontheimer Straße“
Akademisches Lehrkrankenhaus der FU B
I. Innere Abteilung
Atmungslabor, Bronchologie, Schlaflabor
Schwerpunkte: Pneumologie und Kardiologie
Prof. Dr. P. Dorow
Drontheimer Straße 39—40
1000 Berlin 65
Tel.: (0 30) 49 07-3 45

* Klinikum Charlottenburg
Abt. für Klinische Neurophysiologie
Schlaflabor (vorwiegend Forschung)
Prof. Dr. St. Kubicki
Spandauer Damm 130
1000 Berlin 19
Tel.: (0 30) 30 35-3 15

* Psychiatrische Klinik der Freien Universität
Labor für klinische Psychophysiologie
Schlaflabor
(Depressionsforschung, Diagnostik und Forschung bei Narkolepsie)
Priv.-Doz. Dr. rer. nat. H. Schulz, Dr. F. W. Bes
Eschenallee 3
1000 Berlin 19
Tel.: (0 30) 3 00 03-6 34

Berlin (Ost)

* Institut für Pathologische Physiologie
Medizinische Fakultät (Charité) der Humboldt-Universität zu Berlin
Schlaflabor mit 2 Ableiteplätzen, Psychophysiologisches Labor,
Labor zur biorhythmometrischen Datenanalyse (Zeitreihen)
(Forschung, Diagnostik, klinisch-pharmakologische Untersuchungen: psychogene Insomnie und Störungen der Schlaf-Wach-Rhythmik)
Prof. Dr. med. habil. K. Hecht
Dr. rer. nat. H.-U. Balzer
Ziegelstraße 5—9
1040 Berlin
Tel.: (0 03 72) 2 86-63 94 / 64 35

* Zentralklinik für Psychiatrie und Neurologie „Wilhelm Griesinger“
Abt. Klinische Psychophysiologie
Schlaflabor
(Forschung und Polysomnographische Diagnostik bei Hypo- und Hypersomnien)
Frau Dr. B. Kurella
Brebacher Weg 15
1140 Berlin
Tel.: (0 03 72) 52 47-5 09

Bielefeld

* Evangelisches Johannes-Krankenhaus
Neurologische Klinik
Schlaflabor mit 2 Ableiteplätzen
(Hyposomnien, Hypersomnien: Narkolepsie, Schlafapnoe)
Prof. Dr. P. Clarenbach
Schildescher Straße 99
4800 Bielefeld 1
Tel.: (05 21) 8 01 45 51

Bochum

* Ruhr-Universität Bochum
Abt. für Angewandte Physiologie
Schlaf- und Atmungsforschung für Kinder und Erwachsene
(Grundlagen und Anwendung)
Prof. Dr. M. E. Schläfke
Universitätsstraße 150
4630 Bochum
Tel.: (02 34) 7 00 48 84

Bonn

* Neurologische Universitäts-Klinik
Schlafambulanz, polygraphische Schlafdiagnostik, Stufendiagnostik bei schlafgebundenen Atemregulationsstörungen
(Forschung, Diagnostik, Therapie: Hyposomnien, Hypersomnien: Narkolepsie, Schlafapnoe, nCPAP-Einstellung)
Dr. J. P. Sieb
Sigmund-Freud-Straße 25
5300 Bonn 1
Tel.: (02 28) 2 80-27 14 / 20 85 / 33 61

* Mitglied in der Arbeitsgemeinschaft Klinische Schlafzentren (AKS)

* Nervenklinik und Poliklinik-Psychiatrie der Universität
Schlafambulanz und Schlaflabor mit 2 Ableiteplätzen
(Forschung, Diagnostik und Therapie der Hypo- und Hypersomnien sowie anderer Schlafstörungen)
Dr. Eva Pelzer
Sigmund-Freud-Straße 25
5300 Bonn 1
Tel.: (02 28) 2 80-39 46 / 20 85

Bremen

* Zentralkrankenhaus Bremen-Ost
Institut für klinische Neurophysiologie
(Polysomnographische Schlafdiagnostik bei Hypo- und Hypersomnien, Schlafapnoe)
Frau Dr. G. Freund
Züricher Straße 40
2800 Bremen
Tel.: (04 21) 40 83 76

Bremerhaven

Zentralkrankenhaus Reinkenheide
Neurologische Klinik
(Polysomnographische Diagnostik bei Hypersomnien:
Schlafapnoe, Narkolepsie)
Priv.-Doz. Dr. U. Beck
Postbrookstraße
2850 Bremerhaven
Tel.: (04 71) 2 99 34 19

Calw

* Landesklinik Nordschwarzwald
Schlaflabor für gerontopsychiatrische Patienten
Prof. Dr. Linden, Dr. Gründel, Dr. Kummer
Postfach
7260 Calw
Tel.: (0 70 51) 5 86 24 14

Dillingen (Saar)

Caritas-Krankenhaus
* Institut für Schlafstörungen und Schlafforschung
(4 Ableiteplätze)
(Polysomnographische Schlafdiagnostik bei Hypo- und Hypersomnien, Schlafapnoe)
Prof. Dr. W. Emser
Werkstraße 1
6638 Dillingen (Saar)
Tel.: (0 68 31) 70 82 50

Düsseldorf

Neurologische Klinik der Universität und Medizinische Klinik
Abt. für Kardiologie, Pneumologie und Angiologie
(Schlafambulanz und stationäre polygraphische Ableitungen, Narkolepsie, Schlafapnoe, Epilepsie)
Dr. O. Witte, Dr. M. Siebler, Prof. H. Worth
Moorenstraße 5
4000 Düsseldorf 1
Tel.: (02 11) 3 11-78 87

Duisburg

* Neurologische Klinik der
Ev. Krankenanstalten Duisburg-Nord
Schlafsprechstunde und Schlaflabor
(Schlafstörungen, Narkolepsie, Apnoe-Syndrom, NPT)
Dr. U. Beneicke
Fahrner Straße 135
4100 Duisburg 11
Tel.: (02 03) 5 55 98 20

* Psychotherapeutisches Institut Burg Bergerhausen
Abt. Psychosomatik-Schlafstörungen
Schlafambulanz mit polysomnographischer Schlafdiagnostik bei Hyper- und Hyposomnien
(Forschung, Diagnostik, Therapie)
Dr. med. R. Heim
Trarbacher Straße 47
4100 Duisburg 25
Tel.: (02 03) 75 02 22

Essen

* Rheinische Landes- und Hochschulklinik
Zentrale Diagnostik
Schlaflabor
(Forschung, Diagnostik, Therapie: Hyposomnien, Schlafstörungen bei psychiatrischen Erkrankungen)
Dr. J. Rimpel
Hufelandstraße 55
4300 Essen 1
Tel.: (02 01) 72 27-0

Frankfurt

* Psychiatrische Klinik der Universität
Spezialambulanz für Schlafgestörte mit angeschlossenem Schlaflabor
(Diagnostik und Therapie von Hypersomnien: Narkolepsie, Schlafapnoe nur Diagnostik; Hyposomnien, insbes. schwere chron. Hyposomnien)
Dr. S. Volk
Heinrich-Hofmann-Straße 10
6000 Frankfurt a.M.
Tel.: (0 69) 63 01-50 04

Freiburg

* Psychiatrische Universitätsklinik
Schlafambulanz mit polysomnographischer Schlafdiagnostik
(Forschungsgebiete: Schlafendokrinologie, Schlafstörungen bei psychiatrischen Erkrankungen)
Dr. A. Steiger
Hauptstraße 5
7800 Freiburg
Tel.: (07 61) 27 08-2 10 / 2 11

* Mitglied in der Arbeitsgemeinschaft Klinische Schlafzentren (AKS)

Gauting

* Zentralkrankenhaus Gauting (LVA Oberbayern)
Labor für Schlaf- und Atemregulationsstörungen
Dr. R. Lund, Priv.-Doz. Dr. Häußinger
Unterbrunner Straße 85
8035 Gauting
Tel.: (0 89) 8 57 91-3 69/3 67/3 12

Göttingen

* Psychiatrische Universitätsklinik
Schlafambulanz mit polysomnographischer Schlafdiagnostik
(3 Ableiteplätze)
(Forschung, Diagnostik, Therapie: Hypersomnien, Hyposomnien)
Prof. Dr. E. Rüther
Von-Siebold-Straße 5
3400 Göttingen
Tel.: (05 51) 39-66 10/11

Kreiskrankenhaus an der Lieth
Innere Medizin/Pneumologie
Schlaflabor für nächtliche Atem- und Kreislaufregulationsstörungen bei pneumologischen und internistischen Erkrankungen
Therapieverfahren: O_2-Therapie, CPAP-Theraie, häusliche Beatmung
Priv.-Doz. Dr. med. C.-P. Criée
Pappelweg 5
3406 Bovenden-Lenglern
Tel.: (0 55 93) 80 20

Hagen

* Klinik Ambrock
Zentrum für Pneumologie und Thoraxchirurgie
Schlaflabor für nächtliche Atem- und Kreislaufregulationsstörungen
(2 Meßplätze, davon 1 drahtgebundener Meßplatz mit Videometrie, 1 Telemetrie-Meßplatz),
(Spezielle Indikationen: Schlafapnoe-Syndrom mit Einstellung auf nCPAP-Therapie, chronisch obstruktive Ventilationsstörungen: nächtliche O_2-Therapie)
Prof. Dr. K.-H. Rühle
5800 Hagen 1
Tel.: (0 23 31) 78 08-2 02

Homburg

* Universitäts-Nervenklinik — Neurologie — Schlaflabor
(Schlafanalyse bei extrapyramidalen Erkrankungen wie dem Parkinson-Syndrom und der Chorea Huntington und den Myopathien)
Prof. Dr. K. Schimrigk
Oscar-Orth-Straße
6650 Homburg
Tel. (0 68 41) 16 41 00

Klingenmünster

* Pfalzklinik Landeck
Schlafambulanz mit Schlaflabor
(Polysomnographische Diagnostik bei Hyper- und Hyposomnien)
Priv.-Doz. Dr. R. Steinberg
Postfach
6749 Klingenmünster
Tel.: (0 63 49) 7 92 14

Lahr

Kreiskrankenhaus Lahr
Neurologische Klinik
Schlaflabor
(Diagnostik und Therapie von Hypersomnien [Narkolepsie, Schlafapnoe] und Hyposomnien)
Prof. Dr. K. Kendel
Klosterstraße 19
7630 Lahr
Tel.: (0 78 21) 2 85-4 10

Löwenstein

Klinik Löwenstein des LWV Württemberg-Hohenzollern
Zentrum für Pneumologie und Thoraxchirurgie
Schlaflabor
Dr. K. Ederle
Klinik Löwenstein
7101 Löwenstein
Tel.: (0 71 30) 15-205

Mainz

* Psychiatrische Klinik und Poliklinik der Universität
(Polysomnographische Schlafdiagnostik bei Hypo- und Hypersomnien)
Dr. Th. Herth / Dr. Dr. J. Röschke
Untere Zahlbacher Straße 8
6500 Mainz
Tel.: (0 61 31) 17 24-09

Mannheim

* Zentralinstitut für Seelische Gesundheit J 5
Psychiatrische Klinik
Schlafambulanz mit polysomnographischer Schlafdiagnostik
(3 Ableiteplätze)
(Forschung, Diagnostik, Therapie: Hypersomnien, Hyposomnien)
Prof. Dr. M. Berger
Postfach 59 70
6800 Mannheim 1
Tel.: (06 21) 1 70 31

* Mitglied in der Arbeitsgemeinschaft Klinische Schlafzentren (AKS)

Marburg

* Zentrum für Innere Medizin
  Medizinische Poliklinik der Universität
  Prof. Dr. P. v. Wichert
  Labor für Zeitreihenanalyse
  (5 Ableiteplätze)
  (Forschung, Diagnostik, Therapie: Apnoen, Schlaf-Wach-Störungen)
  Priv.-Doz. Dr. J. H. Peter
  Baldinger Straße
  3550 Marburg/Lahn
  Tel.: (0 64 21) 28-27 02

München

* Klinikum rechts der Isar der Technischen Universität München
  Psychiatrische Klinik und Poliklinik
  Schlaflabor (nur Forschung)
  Dr. med. Dipl.-Psych. M. Wiegand
  Möhlstraße 26
  8000 München

* Max-Planck-Institut für Psychiatrie-Klinik
  Schlaflabor
  (Forschung, Diagnostik und Therapie von Hypersomnien)
  Dr. med. T. Pollmächer
  Kraepelinstraße 10
  8000 München 40
  Tel.: (0 89) 30 62 21

* Psychiatrische Klinik und Poliklinik der Universität
  (Polysomnographische Schlafdiagnostik, vorwiegend klinische Fragestellungen)
  Prof. Dr. G. Laakmann
  Nußbaumstraße 7
  8000 München 2
  Tel.: (0 89) 61 60-34 39

Münnerstadt

Klinik Michelsberg
Fachkrankenhaus für Lungen- und Bronchialerkrankungen
Labor für Schlaf- und Atemregulationsstörungen
Priv.-Doz. Dr. H. Schweisfurth
Michelsberg 1
8732 Münnerstadt
Tel.: (0 97 33) 62-210

Münster

* Psychologisches Institut II der Universität
  Laboratorium für experimentelle Schlafuntersuchungen
  a) Ambulanz
  b) Forschung
  (zu a: Polysomnographische Schlafableitungen (z. Z. 2 Ableiteplätze), Diagnosestellung und therapeutische Beratung, Kostenübernahme durch Kassen möglich)
  Prof. Dr. Becker-Carus
  Schlaunstraße 2
  4400 Münster
  Tel.: (02 51) 83-41 41 / 41 15

Norderney

* Klinik Norderney (LVA Westfalen)
  Klinik für Erkrankungen der Atmungsorgane und Allergien
  Schlaflabor für nächtliche Atem- und Kreislaufregulationsstörungen
  Priv.-Doz. Dr. J. Fischer
  Kaiserstraße 26
  2982 Norderney
  Tel.: (0 49 32) 8 92-2 00

Regensburg

* Bezirkskrankenhaus Regensburg
  Spezialambulanz für Patienten mit Schlafstörungen mit angeschlossenem Schlaflabor (Diagnostik und Therapie von Hypersomnien und Hyposomnien, insbesondere schwere chronische Hyposomnien)
  Priv.-Doz. Dr. H. E. Klein, Dr. P. Geisler
  Universitätsstraße 84
  8400 Regensburg
  Tel.: (09 41) 9 41-3 37

Schmallenberg

Fachkrankenhaus Kloster Grafschaft
Innere Medizin, Pneumologie und Allergologie
(Komplettes Schlaflabor mit 4 Meßplätzen — davon eine voll digitalisierte Überwachungseinrichtung zur Diagnostik von Hyposomnien, Hypersomnien sowie internistischen Störungen, insbes. Hypopnoe und Apnoe und chron. obstruktiven Lungenerkrankungen. Zwei Therapieplätze zur Einstellung der nCPAP-Therapie und Sauerstoff-Langzeittherapie)
Priv.-Doz. Dr. med. D. Köhler (Dipl.-Ing.)
5948 Schmallenberg 11
Tel.: (0 29 72) 7 91-2 26

* Mitglied in der Arbeitsgemeinschaft Klinische Schlafzentren (AKS)

Schwalmstadt-Treysa

* Neurologische Klinik Hephata
Klinisches Schlafzentrum mit Kassenambulanz, Schlaflabor (4 Ableiteplätze) und Labor für Untersuchungen in zeitgeberfreier Umgebung (Schlaf-Apnoe, Hypersomnien, zirkadiane Rhythmusstörungen)
Prof. Dr. K. Meier-Ewert
Heinrich-Wiegand-Straße 57
3578 Schwalmstadt-Treysa
Tel.: (0 66 91) 1 82 60
Fax.: (0 66 91) 1 81 89

Tübingen

* Psychiatrische Klinik der Universität
Schlaflabor (vorwiegend Forschung: endogene Psychosen, Hypersomnien)
Dr. H. Giedke
Osianderstraße 22
7400 Tübingen
Tel.: (0 70 71) 29 23 11

Würzburg

* Psychiatrische Klinik und Poliklinik der Universität (Diagnose und Therapie funktioneller Schlafstörungen sowie Grundlagenforschung zur Physiologie und Biochemie der Schlaf-Wach-Regulation)
Prof. Dr. Beckmann
Füchsleinstraße 15
8700 Würzburg
Tel.: (09 31) 2 03-3 01

ÖSTERREICH

Allgemeines Krankenhaus
Psychiatrische Universitätsklinik
Prof. Dr. B. Saletu
Lazarettgasse 14
A-1097 Wien

SCHWEIZ

Medizinisches Zentrum Mariastein
Prof. Dr. G. Schoenenberger, Dr. D. Schneider-Helmert
CH-4115 Mariastein bei Basel

Psychiatrische Klinik Königsfelden
Forschungsabteilung
Dr. R. Thomann
CH-5200 Windisch (Aargau)

Laboratorium für experimentelle und klinische Schlafforschung der Universität Zürich
Prof. Dr. D. Lehmann, Prof. Dr. Ingeborg Strauch
Prof. Dr. A. Borbély

1) Neurologische Universitätsklinik
Rämistraße 100
CH-8006 Zürich

2) Institut für klinische Psychologie
Schmelzbergstraße 40
CH-8044 Zürich

Deutsche Narkolepsie-Gesellschaft e.V.
Klauberg 1
5650 Solingen
Tel.: (02 12) 1 62 48
Vorsitzender: Ernst-Friedrich Breuhaus

* Mitglied in der Arbeitsgemeinschaft Klinische Schlafzentren (AKS)

Stichwortverzeichnis

SPRINGER NATURE

GPSR Compliance

The European Union's (EU) General Product Safety Regulation (GPSR) is a set of rules that requires consumer products to be safe and our obligations to ensure this.

If you have any concerns about our products, you can contact us on ProductSafety@springernature.com

In case Publisher is established outside the EU, the EU authorized representative is:

Springer Nature Customer Service Center GmbH
Europaplatz 3
69115 Heidelberg, Germany

Kolibri 360 GmbH
Ferdinand-Jühlke-Straße 7
99095 Erfurt, Deutschland
produktsicherheit@kolibri360.de